中经教育

环境保护税系列教材

吉林师范大学教材出版基金资助

环境保护税的核定与征收

主　编◎滕洪辉

副主编◎刘　伟

ASSESSMENT AND COLLECTION OF
ENVIRONMENTAL PROTECTION TAX

中国经济出版社
CHINA ECONOMIC PUBLISHING HOUSE
·北　京·

图书在版编目（CIP）数据

环境保护税的核定与征收 / 滕洪辉主编. -- 北京 : 中国经济出版社, 2025. 7. -- ISBN 978-7-5136-8014-1

Ⅰ. D922.229.4

中国国家版本馆 CIP 数据核字第 20252SE393 号

组稿编辑 崔姜薇
责任编辑 焦晓云
责任印制 李 伟
封面设计 任燕飞

出版发行 中国经济出版社
印 刷 者 河北宝昌佳彩印刷有限公司
经 销 者 各地新华书店
开 本 787mm×1092mm 1/16
印 张 11.25
字 数 229 千字
版 次 2025 年 7 月第 1 版
印 次 2025 年 7 月第 1 次
定 价 68.00 元
广告经营许可证 京西工商广字第 8179 号

中国经济出版社 网址 http://epc.sinopec.com/epc/ 社址 北京市东城区安定门外大街 58 号 邮编 100011
本版图书如存在印装质量问题，请与本社销售中心联系调换（联系电话：010-57512564）

编写委员会

主　　编　滕洪辉　吉林师范大学

副 主 编　刘　伟　中翰格瑞（大连）环保技术有限公司

成　　员　孙玉伟　吉林师范大学
　　　　　　朴明月　吉林师范大学
　　　　　　史春玲　吉林师范大学

微信扫描二维码
获取本书配套学习资料

前言

PREFACE

2016 年 12 月 25 日，十二届全国人大常委会第二十五次会议通过了《中华人民共和国环境保护税法》（简称《环境保护税法》），自 2018 年 1 月 1 日起施行。《环境保护税法》是我国第一部专门体现“绿色税制”的单行税法，对保护和改善环境、减少污染物排放、推进生态文明建设具有重要意义。征收环境保护税主要是为了提升我国在环境保护方面的国家调控力量，充分发挥环境保护的经济杠杆作用，规范地方政府及各级各类企业的环境保护收费行为。

《环境保护税法》第二条规定：“在中华人民共和国领域和中华人民共和国管辖的其他海域，直接向环境排放应税污染物的企业事业单位和其他生产经营者为环境保护税的纳税人，应当依照本法规定缴纳环境保护税。”环境保护税的征税对象包括大气污染物、水污染物、固体废物和噪声四类。环境保护税以污染物排放量为计税依据。大气污染物税额幅度为每污染当量 1.2~12 元，水污染物税额幅度为每污染当量 1.4~14 元，具体适用税额由各省（区、市）结合本地区环境承载能力、污染物排放状况和经济社会生态发展目标要求确定。固体废物按不同种类，税额标准为每吨 5~1000 元。噪声按超标分贝数，税额标准为每月 350~11200 元。环境保护税采取“企业申报、税务征收、环保协同、信息共享”的征管模式。

征收环境保护税有利于构建绿色税制体系，进一步强化税收在生态环境方面的调控作用，形成有效的约束和激励机制，加快建立绿色生产和消费的法律制度与政策体系，倒逼高污染、高耗能产业转型升级，推动经济结构调整和发展方式转变。

环境保护税采用环保技术手段核定征收额度，与其他税种通过公司财务信息核定征收额度有着明显区别。环境保护税申报、征收和监管等方面的工作人员既需要懂财税知识，也需要具备环境保护相关专业知识。目前，我国各级各类院校还没有系统的人才培养计划，虽然部分高校开设了相关课程，但是缺少与课程匹配的综合性、通用性较强的教材，即既适合环境保护相关专业又适合税务和财务相关专业学生使用的教材。

吉林师范大学从2018年开始在环境保护类专业进行环境保护税方面的教学尝试，开设了环境保护税专业选修课程，旨在为税务部门、生态环境主管部门和相关企业输送专业人才。吉林师范大学环境保护和财务税收相关专业教师，以及中翰格瑞（大连）环保技术有限公司从事环境保护税申报、核定征收服务工作的行业专家，在大量前期工作的基础上，合作编写了环境保护税系列教材。本系列教材共三本，其中《水污染与应税污染物监测》《大气污染与应税污染物监测》两本教材已于2023年出版，《环境保护税的核定与征收》是最后一本。本教材共七章，具体编写分工如下：滕洪辉编写第一章和第七章，史春玲、孙玉伟共同编写第二章至第四章，朴明月编写第五章，刘伟编写第六章，全书由主编滕洪辉统稿。此外，汤茜、陈钰琦、张静、张萌参与了部分章节的资料收集和整理工作。

本教材可作为环境科学、环境工程等环境保护相关专业，财政学、税收学等经济金融类专业本科生、大专生相关课程的教材或参考用书，也可作为税务征收、监管和申报人员的业务培训用书。

在本教材编写过程中，我们得到了吉林师范大学和中翰格瑞（大连）环保技术有限公司相关领导的关心与指导，以及吉林师范大学教材出版资金的资助，在此表示感谢；在本教材出版过程中，我们得到了中国经济出版社焦晓云编辑给予的建议和支持，一并表示衷心感谢。

由于编者学识和水平有限，疏漏在所难免，恳请读者批评指正。

编　者

2025年5月20日

目录
CONTENTS

第一章 绪论

第一节 环境保护税现状 …… 001
第二节 环境保护税与排污费的区别 …… 002

第二章 中国税收制度

第一节 税法的概念 …… 005
第二节 我国税法的原则 …… 008
第三节 我国税收的立法与实施 …… 009
第四节 我国税收制度的改革和发展 …… 012

第三章 中国税收征收管理办法

第一节 概述 …… 016
第二节 税务管理 …… 017
第三节 纳税申报和税款征管 …… 020

第四章 财税（会计）工作基础知识

第一节 会计基础知识 …… 027
第二节 会计系统与业务 …… 030
第三节 财务管理基础知识 …… 035

第五章 生态环境保护法律法规

第一节 环境保护与生态文明建设 …… 041
第二节 中国环境法概述 …… 043
第三节 环境违法的民事责任与刑事责任 …… 053
第四节 排污许可制度 …… 065

第六章 环境保护税的核定

第一节 纳税人 …… 070
第二节 课税对象 …… 077
第三节 计税方式 …… 083
第四节 计税依据 …… 092
第五节 计量方式的确定 …… 102
第六节 应纳税额的计算 …… 111
第七节 减免税情形 …… 119
第八节 纳税申报 …… 122
第九节 纳税申报的复核 …… 124
第十节 生态环境主管部门和税务机关的分工与职责 …… 125

第七章 案例分析

案例 1 某铁矿排土场环境保护税的核定与征收 …… 130
案例 2 某水泥有限公司环境保护税的核定与征收 …… 134
案例 3 某扩建污水处理厂环境保护税的核定与征收 …… 143
案例 4 某发电厂环境保护税的核定与征收 …… 146
案例 5 某船舶厂环境保护税的核定与征收 …… 153
案例 6 某化工厂环境保护税的核定与征收 …… 160

附 录 …… 169

第一章

绪论

第一节　环境保护税现状

《环境保护税法》是我国第一部专门体现绿色发展，推进生态文明建设的单行税法，是我国绿色税收体系初步构建的标志。该法有助于完善绿色税收制度、调节排污者的污染治理行为，充分体现了多排多缴、少排少缴和不排不缴的理念。

在《环境保护税法》以及相关政策的正向激励及各方推动下，节能减排、降碳减排，坚定不移走绿色发展之路，成为越来越多纳税人的选择，青山绿水明显增多，我们生存的环境逐年改善。看得见的红利，使越来越多的企业从被动减排走向主动治污。据统计，《环境保护税法》实施以来，环境保护税累计征收金额达 1000 余亿元，全国累计落实环境保护税优惠减免 564 亿元；万元 GDP 污染物排放当量数从 2018 年的 1.16 下降到 2022 年的 0.73，降幅达 37%。可见，税收优惠对企业加大减排治污力度起到了积极作用。

为了更好地贯彻落实《环境保护税法》，发挥环境保护税的经济杠杆作用，在有关部门的大力支持下，2021 年，环境保护税相关政策密集出台，有力地推动了环境保护税的健康发展。

2021 年 3 月 1 日，《排污许可管理条例》（国务院令第 736 号）正式实施，标志着《环境保护税法》与生态环境部门的法律法规的衔接桥梁搭建成功，为纳税人依法纳税提供了技术保障。

2021 年 5 月 1 日，生态环境部、财政部、国家税务总局联合制发的《关于发布计算环境保护税应税污染物排放量的排污系数和物料衡算方法的公告》（生态环境部 财政部 国家税务总局公告 2021 年第 16 号）开始实施。该公告完善了环境保护税应税污染物排放量的计算方法，使环境保护税政策适用的确定性进一步提高。

自 2021 年 6 月 1 日起，环境保护税等 10 个财产和行为税税种合并申报在全国范围内推行。纳税人一次登录、一填到底，办税效率大幅度提高。同时，合并申报利用信息化手段实现了税额自动计算、数据关联比对、申报异常提示等，将有效避免漏报、错报，从而确保申报质量，有利于优惠政策落实到位。

2021 年 6 月 11 日，生态环境部印发了《排放源统计调查产排污核算方法和系数手册》（生态环境部公告 2021 年第 24 号），进一步扩大了环境保护税的征收行业，明确了污染物排放量计算的物料衡算方法和相关产排污系数。

第二节　环境保护税与排污费的区别

由于传承关系，环境保护税和排污费的污染物核算理论体系基本相同。了解排污费，对于更好地学习环境保护税具有至关重要的作用。

一、环境保护税的定义

《环境保护税法》第一条明确规定："为了保护和改善环境，减少污染物排放，推进生态文明建设，制定本法。"第二条明确规定："在中华人民共和国领域和中华人民共和国管辖的其他海域，直接向环境排放应税污染物的企业事业单位和其他生产经营者为环境保护税的纳税人，应当依照本法规定缴纳环境保护税。"依据以上两条规定，可对环境保护税做出如下定义：环境保护税是以环境保护为目的、针对应税污染物直接向环境排放的行为进行课征的税种。环境保护税是以应税污染物的排放行为作为税基的一个税种，属于财产行为税。环境保护税是由排污费改革而来，因而排污费具有的利用经济杠杆调节污染物排放量的作用在环境保护税上依然存在，同时由于税收的刚性，该作用得到更充分的发挥。

二、排污收费制度的历史经验

排污收费制度是我国环境管理的一项基本制度，是促进污染防治的一项重要经济政策。排污收费制度实施 30 多年来，对促进企业事业单位加强经营管理、节约和综合利用资源、治理环境污染、控制环境恶化、提高环境保护监督管理能力发挥了重要作用。

排污费是行政事业性收费，由生态环境部门负责征收管理，遵照《排污费征收使用管理条例》① 执行。排污收费制度是污染者负担原则在污染防治领域的具体化。排污收费制度的实施提高了污染企业对环境问题的关注度，为环境保护提供了部分资金，提升了政府对污染的治理能力，同时加强了环保系统的建设。

但是，排污收费制度也存在一些缺陷，最突出的两点在于：一是不具有税收特有的强制性、无偿性和固定性特征，在征收环节容易出现缺乏刚性、协商收费、人情收费、易受地方政府干涉等问题；二是征收和使用的主体都是生态环境部门，收费养人、

---

① 《排污费征收使用管理条例》已失效。排污费现已停止征收，但由于环境保护税在一定程度上可以视为对排污费的替代，介绍排污费及相关政策有助于学生理解环境保护税。

管理不严等问题一直存在。2013—2017 年排污费征收额度见表 1.1，2018—2022 年环境保护税征收额度见表 1.2。

表 1.1　2013—2017 年排污费征收额度

年度	2013 年	2014 年	2015 年	2016 年	2017 年	累计
排污费（亿元）	204.80	186.80	173.50	205.68	220.00	990.78

表 1.2　2018—2022 年环境保护税征收额度

年度	2018 年	2019 年	2020 年	2021 年	2022 年	累计
环境保护税（亿元）	151.00	221.00	207.00	203.00	211.19	993.19

三、费改税的原因

（一）环境压力

党中央、国务院高度重视生态环境保护工作。近年来，中央大力推进大气、水、土壤污染防治，持续加大生态环境保护力度，我国生态环境质量有所改善。“十二五”以来，全国地表水国控断面劣Ⅴ类比例下降 6.8 个百分点，大江大河干流水质稳步改善。2015 年，二氧化硫排放量比峰值（2006 年）降低了 28%，氮氧化物排放量比峰值（2012 年）降低了 21%。但从总体上看，我国环境保护工作仍滞后于经济社会发展，生态环境恶化趋势尚未得到根本扭转，部分地区环境污染问题较为突出，严重影响了正常的生产生活和社会可持续发展。

（二）中央有关精神要求

党的十八届三中、四中全会文件中明确提出，“推动环境保护费改税”“用严格的法律制度保护生态环境”。党的十九大报告进一步明确提出，“坚持节约资源和保护环境的基本国策”。实行环境保护费改税，是贯彻落实党中央、国务院决策部署的重要举措。税收作为国家治理体系和治理能力的重要体现，在宏观调控中发挥着越来越重要的作用。

（三）国务院有关要求

《国务院关于加强环境保护重点工作的意见》（2011 年）中明确提出“积极推进环境税费改革，研究开征环境保护税”，并强调通过经济政策（如税收）推进环保工作。李克强总理于 2014 年、2015 年连续两年在《政府工作报告》中要求做好环境保护税相关立法工作。《中央全面深化改革领导小组 2015 年工作要点》中提出，制定出台环境保护税法。国务院 2015 年立法工作计划将制定环境保护税法列为“全面深化改革和全面依法治国急需的项目”。国务院 2016 年立法工作计划将“提请审议环境保护税法草案”列为“力争年内完成的项目”。

（四）人民的诉求

人与自然是生命共同体，人类必须尊重自然、顺应自然、保护自然。税制改革要符合全国人民的利益，要满足全国人民日益增长的优美生态环境需要，税收的调控作用将引导全社会形成节约资源和保护环境的生产方式和生活方式，还自然以宁静、和谐、美丽。

四、环境保护税和排污费的差异

排污费是行政事业性收费，生态环境部门依据《排污费征收使用管理条例》《排污费征收标准管理办法》等法规及文件执行排污费的征收管理工作。根据《排污费征收使用管理条例》第七条“县级以上人民政府环境保护行政主管部门，应当按照国务院环境保护行政主管部门规定的核定权限对排污者排放污染物的种类、数量进行核定”的规定，排污者需要缴纳的排污费金额应由生态环境部门确定，排污者并不需要对缴纳的排污费是否正确承担责任。根据《排污费资金收缴使用管理办法》的规定，排污费作为环境保护专项资金，排污者在有重点污染源防治项目时可以申请使用。

《环境保护税法》通过立法的形式确定环境保护税的开征，作为党的十八大以后出台的首部单行税法、绿色税法，承担着国人的期望，彰显了我国统筹推进“五位一体”总体布局、大力推进生态文明建设的坚强决心和信心。环境保护税的征管过程及方式遵从《中华人民共和国税收征收管理法》（简称《税收征收管理法》），这决定了其征管方式与排污费存在本质上的差异：由生态环境部门负责核定变成了纳税人自己核定排放污染物的种类和数量。环境保护税的开征有效发挥了“多排多缴、少排少缴、不排不缴”的反向约束和正向激励机制的作用，促进了绿色发展，同时构建了“税务征管、企业申报、环保监测、信息共享、协作共治”的征管模式。《环境保护税法》第十九条明确规定：“纳税人应当依法如实办理纳税申报，对申报的真实性和完整性承担责任。”因此，纳税人应根据《税收征收管理法》和《环境保护税法》的要求，如实申报排放应税污染物的种类和数量，同时对环境保护税保持敬畏和遵从之心。

目前，我国已构建起以环境保护税为主体，以资源税、耕地占用税为重点，以车船税、车辆购置税等税种为辅助，涵盖资源开采、生产、流通、消费、排放 5 大环节 8 个税种的绿色生态税收体系。征收环境保护税不仅有利于实现对重点污染物的减排目标，还可以促进经济结构优化和发展方式的转变。

课后习题

1. 什么是环境保护税？
2. 当今人类面临的环境问题主要有哪些？
3. 环境保护工作主要包括哪些方面？
4. 为什么要把排污费改为环境保护税？
5. 环境保护税征收的工作方针是什么？

第二章

中国税收制度

第一节　税法的概念

一、税收概述

作为税收制度的法律表现形式，税法确定的具体内容就是税收制度。税收是政府为了满足社会公共需要，凭借政治权力，强制、无偿地参与社会产品分配，取得财政收入的一种形式。

（一）税收的本质是一种特殊的分配关系

税收是我国财政收入的主要来源。自 1994 年分税制改革以来，税收收入占财政收入的比重基本维持在 90%以上。税收是以国家为主体，凭借政治权力参与纳税人的特定产品分配。国家通过征税，将一部分社会产品由纳税人所有转变为国家所有，因此，征税的过程实际上是国家参与社会产品分配的过程。不过，这种分配关系与社会再生产中的一般分配关系不同：首先，分配的主体不是生产要素的所有者；其次，分配的依据不是生产要素。

（二）征税的目的是满足社会公共需要

国家在履行其公共职能的过程中，必然要发生一定的公共支出。公共产品的特殊性决定了公共支出一般情况下不能由某个人或某家企业独自负担，而只能由国家采取强制征税的方式，向社会公众征收。因此，国家征税的根本目的是满足提供公共产品的需要。

（三）税收具有无偿性、强制性和固定性

税收的无偿性，是指国家征税以后对具体纳税人既不需要直接偿还，也不需要付出任何直接形式的报酬。无偿性是税收的关键特征，使税收区别于国债等财政收入形式。

税收的强制性，是指税收是国家凭借政治权力，通过法律形式对社会产品进行的强制性分配，纳税人必须依法纳税，否则会受到法律的制裁。它与税收的无偿性相对应。正因为税收具有无偿性，才需要通过税收法律的形式规范征纳双方的权利和义务，保证财政收入的入库。

税收的固定性，是指税收是国家通过法律形式预先规定纳税人、征税对象、税率等税制要素，并保持相对的连续性和稳定性。税收的固定性并不是一成不变的，可以根据经济发展水平、国家经济政策的变化进行必要的改革和调整。

税收“三性”相辅相成、缺一不可。其中，无偿性是核心，强制性是保障，固定性是对强制性和无偿性的规范与约束。

二、税法的定义

税收制度是在税收分配活动中征纳双方所应遵守的行为规范的总和。税收制度的内容主要包括各个税种的法律法规，以及为了保证这些法律法规得以实施的税收征管制度和税收管理体制。其中，税法是税收制度的核心内容。

税法是国家制定的用以调整国家与纳税人之间在征纳税方面的权利及义务关系的法律规范的总称，是国家及纳税人依法征税、依法纳税的行为准则。税法调整的对象是税收分配中形成的权利义务关系。

从法律性质上看，税法属于义务性法规，以规定纳税人的义务为主。这是由税收的无偿性和强制性决定的。从内容上看，税法属于综合法，是由一系列单行税收法律法规及行政规章制度组成的体系。这是由税收制度调整的税收分配关系和税收法律关系的复杂性决定的。从立法过程来看，税法属于制定法，是由国家权力机关或其授权机关制定的。

三、税法的作用

由于税法调整的对象涉及社会经济活动的各个方面，与国家、企业、单位、个人的利益密切相关，并且在建立和发展我国社会主义市场经济体制中，国家可以通过税法加强对国民经济的宏观调控，因此，税法的地位越来越重要。

（一）组织财政收入

为了维护国家机器的正常运转，促进国民经济健康发展，必须保证财政收入的充足。通过制定税法，以法律的形式确定企业、单位和个人履行纳税义务的具体项目、数额与纳税程序，可以保证国家依法征税，及时足额地取得税收收入。

（二）宏观调控经济

税收是国家宏观调控的重要手段。通过制定税法，可以法律的形式确定国家与纳税人之间的利益分配关系，调节社会成员的收入水平，调整产业结构和社会资源的优化配置，使之符合国家的宏观经济政策；同时，法律的平等原则，能够保障纳税人的税收负担公平，鼓励平等竞争，为市场经济的发展创造良好条件。

（三）维护经济秩序

税法确定了一个规范有效的纳税秩序和经济秩序，能够监督经营单位和个人依法经营，加强经济核算，提高经营管理水平；同时，税务机关按照税法规定对纳税人进行税务检查，严肃查处偷逃税款及其他违反税法规定的行为，也将有效打击各种违法经营活动，为国民经济的健康发展创造良好、稳定的环境。

四、税法与其他法律的关系

涉及税收征纳关系的法律规范，除税收实体法、税收程序法、税收争讼法、税收处罚法中的相关规定外，在某些情况下也援引其他法律。

（一）税法与宪法的关系

《中华人民共和国宪法》（简称《宪法》）是我国的根本大法，是制定所有法律、法规的依据和章程。税法是国家法律的重要组成部分，是依据《宪法》的原则制定的。

《宪法》第五十六条规定："中华人民共和国公民有依照法律纳税的义务。"该条规定明确了两点：一是国家可以向公民征税，二是向公民征税要有法律依据。该条规定是立法机关制定税法并据以向公民征税以及公民必须依法纳税的最直接法律依据。

（二）税法与民法的关系

民法是调整平等主体之间，也就是公民之间、法人之间、公民与法人之间财产关系和人身关系的法律规范。民法的主要特点是平等、等价和有偿，与税法的无偿性、强制性有本质区别。

税法与民法之间也有联系，当税法的某些规范同民法的规范基本相同时，税法一般援引民法条款。比如，印花税中经济合同关系的成立在民法中已有规定，税法就不再另行规定。

（三）税法与刑法的关系

《中华人民共和国刑法》（简称《刑法》）是关于犯罪、刑事责任与刑罚的法律规范的总和，其调整范围与税法有本质区别。两者之间也有密切的联系，都对违反税法的行为规定了处罚条款。例如，《刑法》第二百零一条第一款规定："纳税人采取欺骗、隐瞒手段进行虚假纳税申报或者不申报，逃避缴纳税款数额较大并且占应纳税额百分之十以上的，处三年以下有期徒刑或者拘役，并处罚金；数额巨大并且占应纳税额百分之三十以上的，处三年以上七年以下有期徒刑，并处罚金。"而《税收征收管理法》第九十一条规定："中华人民共和国同外国缔结的有关税收的条约、协定同本法有不同规定的，依照条约、协定的规定办理。"

（四）税法与行政法的关系

税法具有行政法的一般特性，税收实体法和税收程序法中都有大量内容涉及对国家机关之间、国家机关与法人或自然人之间法律关系的调整。另外，税收法律关系中争议的解决一般按照行政复议程序和行政诉讼程序进行。

税法与行政法也有一定区别。税法具有经济分配的性质，调整对象涉及社会经济活动的各个方面，且是一种义务性法规；而行政法大多为授权性法规，其中的少数义务性规定不像税法一样涉及货币收益的转移。

第二节　我国税法的原则

税法的原则反映税收活动的根本属性，是税收法律制度建立的基础。税法的原则包括税法基本原则和税法适用原则。

一、税法基本原则

税法基本原则是一国调整税收关系的基本规律的抽象和概括，是贯穿税法的立法、执法、司法和守法全过程的具有普遍性指导意义的法律准则。

（一）税收法定原则

税收法定原则又称“税收法定主义”，是指税法主体的权利义务必须由法律加以规定，税法的各类构成因素皆必须且只能由法律予以明确，超过法律规定的课征是违法的。

（二）税法公平原则

税法公平原则是指税收负担必须根据纳税人的负担能力分配，负担能力相等，税负相同，负担能力不等，税负不同。税收公平原则源于法律上的平等原则，禁止对特定纳税人给予歧视性对待，也禁止在没有正当理由的情况下对特定纳税人给予特别优惠。

（三）税收效率原则

税收效率原则是指以最小的费用获取最大的税收收入，利用税收的经济调控作用最大限度地促进经济的发展，或者最大限度地减轻税收对经济发展的阻碍。

（四）实质课税原则

实质课税原则是税法中的一项重要原则，其核心在于要求税务机关根据纳税人的经济实质而非法律形式或表面行为来判定应纳税额，以防止纳税人通过形式合法但实质避税的手段规避税负。

二、税法适用原则

税法适用原则是指税务行政机关和司法机关运用税收法律规范解决具体问题必须遵循的准则，含有更多的法律技术性准则，更为具体。

（一）法律优位原则

法律优位原则也称“行政立法不得抵触法律原则”，其基本含义是法律的效力高于行政立法的效力。法律优位原则在税法中的作用主要体现在处理不同等级税法的关系上。当效力低的税法与效力高的税法发生冲突时，效力低的税法是无效的。

（二）法律不溯及既往原则

法律不溯及既往原则是指一部新法实施后，新法实施之前人们的行为不得适用新法，只能沿用旧法。该原则的出发点在于维护税法的稳定性和可预测性，使纳税人和征税人可以信赖征纳规则。

（三）新法优于旧法原则

新法优于旧法原则也称“后法优于先法原则”，即当新法、旧法对同一事项有不同规定时，新法的效力优于旧法。该原则的作用在于避免因法律修订带来新法、旧法对同一事项有不同规定而给法律适用带来混乱的情形，为法律的更新与完善提供法律适用上的保障。

（四）特别法优于普通法原则

特别法优于普通法原则是指对于同一事项，当两部法律分别有一般和特别规定时，特别规定的效力高于一般规定的效力。当对某些税收问题需要做出特殊规定，而不便普遍修订税法时，即可通过特别法的形式予以规范。只要特别法中做出规定的，就排斥普通法的适用。

（五）实体从旧、程序从新原则

实体从旧、程序从新原则是指税收实体法不具备溯及力，而税收程序法在特定条件下具备一定的溯及力。这一原则是对“新法优于旧法原则”和“法律不溯及既往原则”的扩展。

（六）程序优于实体原则

程序优于实体原则是关于税收争讼法的原则，即在诉讼发生时税收程序法优于税收实体法适用。这一原则是为了确保国家课税权的实现，即不因争议的发生而影响税款的及时、足额入库。

第三节　我国税收的立法与实施

一、我国税收的立法

（一）税收立法机关

我国的立法体制：全国人民代表大会及其常务委员会行使立法权，制定法律；国务院及所属各部委，有权根据《宪法》和法律制定行政法规与规章；地方人民代表大会及其常务委员会，在不与宪法、法律、行政法规抵触的前提下，有权制定地方性法规，但要报全国人民代表大会常务委员会和国务院备案；民族自治地方的人民代表大会有权依照当地民族政治、经济和文化的特点，制定自治条例和单行条例。

各级权力机关根据国家立法体制规定制定的一系列税收法律、法规、规章和规范性文件，构成了我国的税收法律体系。需要说明的是，我们平时所说的“税法”，有广义和狭义之分。广义的税法包括所有调整税收关系的法律、法规、规章和规范性文件，是税法体系的总称；而狭义的税法，特指由全国人民代表大会及其常务委员会制定和颁布的税收法律。由于制定税收法律、法规和规章的机关不同，法律级次不同，其法律效力也不同。

1. 全国人民代表大会及其常务委员会制定的税收法律

《宪法》第五十八条规定：“全国人民代表大会和全国人民代表大会常务委员会行使国家立法权。”上述规定确定了我国税收法律的立法权由全国人民代表大会及其常务委员会行使，其他任何机关都没有制定税收法律的权力。在国家税收中，凡是基本的、全局性的问题，例如，国家税收的性质，税收法律关系中征纳双方权利与义务的确定，税种的设置，税目、税率的确定等，都需要由全国人民代表大会及其常务委员会以税收法律的形式制定实施，并且在全国范围内，对国内纳税人和涉外纳税人均适用。《中华人民共和国企业所得税法》《中华人民共和国个人所得税法》《税收征收管理法》都是税收法律。除《宪法》外，在税收法律体系中，税收法律具有最高的法律效力，是其他机关制定税收法规、规章的法律依据，其他各级机关制定的税收法规、规章，都不得与《宪法》和税收法律相抵触。

2. 全国人民代表大会及其常务委员会授权立法

授权立法是指全国人民代表大会及其常务委员会根据需要授权国务院制定某些具有法律效力的暂行规定或者条例。授权立法与制定行政法规不同。国务院经授权立法制定的暂行规定或条例等，具有国家法律的性质和地位，其法律效力高于行政法规，在立法程序上还需报全国人民代表大会常务委员会备案。例如，国务院从 1994 年 1 月 1 日起实施工商税制改革，制定并实施了增值税、消费税、资源税、土地增值税等暂行条例。

3. 国务院制定的税收行政法规

国务院是最高国家权力机关的执行机关，是最高国家行政机关。《宪法》规定，国务院可“根据宪法和法律，规定行政措施，制定行政法规，发布决定和命令”。行政法规作为一种法律形式，在中国法律形式中低于《宪法》，但高于地方法规、部门规章、地方规章，在全国范围内普遍适用。行政法规的立法目的在于保证宪法和法律的实施，行政法规不得与《宪法》相抵触，否则无效。国务院发布的《中华人民共和国企业所得税法实施条例》《中华人民共和国税收征收管理法实施细则》等，都是税收行政法规。

4. 地方人民代表大会及其常务委员会制定的税收地方性法规

根据《地方各级人民代表大会和地方各级人民政府组织法》的规定，“省、自治区、直辖市的人民代表大会根据本行政区域的具体情况和实际需要，在不同宪法、法律、行政法规相抵触的前提下，可以制定和颁布地方性法规，报全国人民代表大会常务委员会和国务院备案”。地方权力机关制定税收地方性法规不是无限制的，而是要严格按照税收法律的授权行事。目前，除了海南省、民族自治地区按照全国人民代表大会授权立法规定，在遵循宪法、法律和行政法规原则的基础上，可以制定有关税收的地方性法规外，其他省、自治区、直辖市都无权制定税收地方性法规。

5. 国务院税务主管部门制定的税收部门规章

《宪法》第九十条第二款规定：“各部、各委员会根据法律和国务院的行政法规、决定、命令，在本部门的权限内，发布命令、指示和规章。”有权制定税收部门规章的税务主管机关是财政部、国家税务总局及海关总署。以上税务主管机关制定规章的范围包括对有关税收法律、法规的具体解释，税收征收管理的具体规定、办法等。税收部门规章在全国范围内具有普遍适用效力，但不得与税收法律、行政法规相抵触。例如，财政部颁发的《中华人民共和国增值税暂行条例实施细则》《税务代理试行办法》、国家税务总局颁发的《税务登记管理办法》《税务行政复议规则》等都属于税收部门规章。

6. 地方政府制定的税收地方规章

《地方各级人民代表大会和地方各级人民政府组织法》规定：“省、自治区、直辖市的人民政府可以根据法律、行政法规和本省、自治区、直辖市的地方性法规，制定规章，报国务院和本级人民代表大会常务委员会备案。”地方政府制定税收规章，必须在税收法律、法规明确授权的前提下进行，并且不得与税收法律、行政法规相抵触。没有税收法律、法规的授权，地方政府是无权制定税收规章的，凡越权制定的税收规章，均没有法律效力。例如，国务院发布实施的城市维护建设税、车船税、房产税等地方性税种暂行条例，都规定省、自治区、直辖市人民政府可根据条例制定实施细则。

（二）我国的税收立法程序

税收立法程序是指有权的机关，在制定、认可、修改、补充、废止等税收立法活动中，必须遵循的法定步骤和方法。目前，我国的税收立法程序主要包括以下三个阶段：

第一，提议阶段。无论是税法的制定，还是税法的修改、补充和废止，一般由国务院授权税务主管部门（财政部或国家税务总局）负责立法的调查研究等准备工作，并提出立法方案或税法草案，上报国务院。

第二，审议阶段。税收法规由国务院负责审议。税收法律在经国务院审议通过后，以议案的形式提交全国人民代表大会常务委员会有关工作部门，在广泛征求意见并做出修改后，提交全国人民代表大会或其常务委员会审议通过。

第三，通过和公布阶段。税收法规由国务院审议通过后，以国务院总理名义发布实施。税收法律由全国人民代表大会或其常务委员会在开会期间，先听取国务院关于制定税法议案的说明，然后经过讨论，以简单多数的方式通过后，以国家主席的名义签署发布。

二、税法的实施

税法的实施即税法的执行，包括税收执法和守法两个方面：一方面，要求税务机关和税务人员正确运用税收法律，并对违法者实施制裁；另一方面，要求税务机关、税务人员、公民、法人、社会团体及其他组织严格遵守税收法律。

由于税法层次较多，在税收执法过程中，对其适用性或法律效力的判断，一般按以下四个原则：一是层次高的法律优于层次低的法律；二是在同一层次的法律中，特别法优于普通法；三是国际法优于国内法；四是实体法从旧，程序法从新。

第四节　我国税收制度的改革和发展

税收制度作为经济体制的重要组成部分，随着经济体制的变革和社会经济条件的变化而不断调整。中华人民共和国成立 70 多年来，税收制度的建立与发展经历了一个曲折的过程。从总体上看，我国的税制改革经历了四个阶段。

一、1949—1978 年的税制改革

从 1949 年中华人民共和国成立到 1978 年党的十一届三中全会召开之前，我国的税制建设和发展历程十分坎坷。

1949 年 11—12 月，中央人民政府在北京召开了首届全国税务会议，制定了《全国税政实施要则》《关于统一全国税政的决议》《全国各级税务机关暂行组织规程》，并于 1950 年 1 月颁发施行。自此，我国建立了全国统一的税收制度，这也为我国税制的进一步发展奠定了良好基础。

1953 年、1958 年，我国分别进行了两次工商税制的改革，实行了工商统一税，建立了工商所得税，同时简化了征税办法。1973 年，我国进行了大幅度的税制简并，并在全国范围内开征工商税。

二、1979—1992 年的税制改革

党的十一届三中全会以后，全党和国家的工作重点转移到社会主义现代化建设上来，提出了“对内搞活、对外开放”的指导方针。1980 年 9 月，第五届全国人民代表大会第三次会议通过了《中华人民共和国个人所得税法》《中华人民共和国中外合资经

营企业所得税法》。1983 年，国务院批准了《财政部关于国营企业利改税试行办法》，将对国营企业上缴的利润改为征收所得税。此外，国家还恢复和开征了一些税种，截至 1992 年底，我国的税种由改革前的 12 个增加到 30 个，形成了以流转税和所得税为主体的多环节、多层次、多税种的复合税制结构，构成了比较完善的税收体系。

三、1993—2002 年的税制改革

1992 年 10 月召开的党的十四大，提出了建立社会主义市场经济体制的战略目标，其中包括税制改革的任务。1993 年 6 月，中共中央、国务院做出了关于加强宏观调控的一系列重要决策，其中的重要措施之一就是加快税制改革。同年 11 月，党的十四届三中全会通过了《关于建立社会主义市场经济体制若干问题的决定》，明确提出了税制改革的基本原则和主要内容，并从 1994 年起在全国实施。

1994 年税制改革的主要内容：第一，全面改革了流转税制，实行了以比较规范的增值税为主体，消费税、营业税并行，内外统一的流转税制；第二，改革了企业所得税制，将过去对国营企业、集体企业和私营企业分别征收的多种所得税合并为统一的企业所得税；第三，改革了个人所得税制，将过去对外国人征收的个人所得税、对中国人征收的个人收入调节税和个体工商业户所得税合并为统一的个人所得税；第四，对资源税、特别目的税、财产税、行为税做了大幅度的调整，如扩大了资源税的征收范围，开征了土地增值税，取消了盐税、奖金税、集市交易税等 7 个税种，并将屠宰税、筵席税的管理权下放到省级地方政府，新设了遗产税和证券交易税（但是一直没有立法开征）。

经过 1994 年税制改革和多年的逐步完善，我国已经初步建立适应社会主义市场经济体制的税收制度，对于保证财政收入、加强宏观调控、深化改革、扩大开放、促进经济与社会的发展起到了重要作用。

四、2003 年至今的税制改革

2003 年，党的十六届三中全会通过了《关于完善社会主义市场经济体制若干问题的决定》，明确了要分步实施税收制度改革。该决定确定了八个方面的改革内容，具体如下：改革出口退税制度；统一各类企业税收制度；增值税由生产型改为消费型，将设备投资纳入增值税抵扣范围；完善消费税，适当扩大税基；改进个人所得税，实行综合和分类相结合的个人所得税制；实施城镇建设税费改革，条件具备时对不动产开征统一规范的物业税，相应取消有关税费；在统一税政前提下，赋予地方适当的税政管理权；创造条件逐步实现城乡税制统一。这标志着进入 21 世纪以后我国新一轮税制改革的开始。

2005 年 12 月 29 日，第十届全国人民代表大会常务委员会第十九次会议决定，自 2006 年 1 月 1 日起，废止农业税，标志着在我国沿袭了 2000 年之久的传统农业税的

终结。

2006年4月1日，我国对现行消费税的税目、税率及相关政策进行了调整。此次政策调整是自1994年税制改革以来消费税最大规模的调整。2014年、2016年、2018年，财政部和国家税务总局分别发布相关文件，对消费税的部分税目、税率与征税环节进行了调整。

2007年3月16日，第十届全国人民代表大会第五次会议审议通过了《中华人民共和国企业所得税法》，自2008年1月1日起施行，结束了我国长期以来执行《中华人民共和国企业所得税暂行条例》和《外商投资企业和外国企业所得税法》两套内外有别的企业所得税法的历史，内外资企业所得税实现了合并。

2018年8月31日，第十三届全国人民代表大会常务委员会第五次会议通过了《关于修改〈中华人民共和国个人所得税法〉的决定》，这是自1980年我国开征个人所得税以来的第七次修正。此次修正对我国个人所得税征税模式进行了重大调整，迈出了综合与分类相结合改革的关键一步。

2008年11月10日，国务院公布了修订后的《中华人民共和国增值税暂行条例》，自2009年1月1日起，我国开始全面实施消费型增值税。2012年1月1日，“营改增”在上海市的交通运输业和部分现代服务业开始试点施行。截至2016年5月1日，全国范围全行业完成了“营改增”，这意味着营业税退出了历史舞台。2017年4月28日，财政部和国家税务总局发布了《关于简并增值税税率有关政策的通知》，自2017年7月1日起，简并增值税税率结构，取消13%的增值税税率，这意味着我国增值税税率从四档调整为三档。2018年4月4日，财政部和国家税务总局发布《关于调整增值税税率的通知》，从2018年5月1日起，纳税人发生增值税应税销售行为或者进口货物，原适用17%和11%税率的，税率分别调整为16%和10%，进一步降低了增值税税率。2019年3月20日，财政部、国家税务总局、海关总署三部门联合发布《关于深化增值税改革有关政策的公告》，增值税一般纳税人发生增值税应税销售行为或者进口货物，原适用16%税率的，税率调整为13%；原适用10%税率的，税率调整为9%；原适用6%税率的，保持不变。上述政策推进了我国增值税的实质性减税。

2016年5月9日，财政部和国家税务总局发布了《关于全面推进资源税改革的通知》（已失效），自2016年7月1日起，实施资源税从价计征改革及水资源税改革试点。此次资源税改革旨在全面贯彻党的十八大和十八届三中、四中、五中全会精神，统筹推进“五位一体”总体布局和协调推进“四个全面”战略布局，牢固树立和贯彻落实创新、协调、绿色、开放、共享的新发展理念，促进资源节约集约利用。2019年8月26日，第十三届全国人民代表大会常务委员会第十二次会议表决通过了《中华人民共和国资源税法》，自2020年9月1日起施行。

2016年12月25日，第十二届全国人民代表大会常务委员会第二十五次会议审议通过了《环境保护税法》，于2018年1月1日起施行。《环境保护税法》旨在保护和改善环境，减少污染物排放，推进生态文明建设。环境保护税的征收标志着我国绿色税制建设进入新阶段。

2003年以来，相关部门按照党的十六届三中全会提出的“简税制、宽税基、低税率、严征管”原则，积极稳妥推进税制改革，建立健全税收政策扶持体系，加强和改善税收宏观调控，加快税收法治建设步伐，充分发挥税收职能作用，促进了税收收入持续快速增长和经济社会的协调发展。

课后习题

一、名词解释

税收　税收制度　税法　税法基本原则　税法适用原则

二、简答题

1. 简述税收的内涵。
2. 税收的特性有哪些？
3. 简述税法的作用。
4. 简述税收与税法的关系。
5. 简述税法与其他法律的关系。
6. 税法的原则有哪些？
7. 有权制定税收制度的机关有哪些？

三、论述题

试述我国税制改革的方向和内容。

第三章 中国税收征收管理办法

第一节 概述

一、税收征收管理法的概念

税收征收管理法，是指调整税收征收与管理过程中发生的社会关系的法律规范的总称，包括国家权力机关制定的税收征管法律、国家权力机关授权行政机关制定的税收征管行政法规和有关税收征管的规章制度等。《中华人民共和国税收征收管理法》（简称《税收征收管理法》）属于税收程序法，以规定税收实体法中确定的权利义务的履行程序为主要内容，是税法的有机组成部分。《税收征收管理法》不仅是纳税人全面履行纳税义务必须遵守的法律准则，也是税务机关履行征税职责的法律依据。

二、《税收征收管理法》的适用范围

凡依法由税务机关征收的各种税收的征收管理，均适用《税收征收管理法》。就现行有效税种而言，增值税、消费税、企业所得税、个人所得税、资源税、城镇土地使用税、土地增值税、车船税、车辆购置税、房产税、印花税、城市维护建设税、环境保护税等税种的征收管理均适用《税收征收管理法》。

由海关负责征收的关税以及海关代征的进口环节的增值税、消费税，依照法律、行政法规的有关规定执行。

三、纳税主体的权利和义务

在税收法律关系中，纳税主体处于行政管理相对人的地位，须承担纳税义务，但也享有相应的法定权利。

（一）纳税主体的权利

纳税主体的权利包括：①知情权；②要求保密权；③依法享受税收优惠权；④申请退还多缴税款权；⑤申请延期申报权；⑥纳税申报方式选择权；⑦申请延期缴纳税

款权；⑧索取有关税收凭证的权利；⑨委托税务代理权；⑩陈述权、申辩权；⑪对未出示税务检查证和税务检查通知书的拒绝检查权；⑫依法要求听证的权利；⑬税收法律救济权；⑭税收监督权。

（二）纳税主体的义务

纳税主体的义务包括：①依法办理税务登记的义务；②依法设置账簿、保管账簿和有关资料，以及依法开具、使用、取得和保管发票的义务；③财务会计制度和会计核算软件备案的义务；④按照规定安装、使用税控装置的义务；⑤按期、如实办理纳税申报的义务；⑥按期缴纳或解缴税款的义务；⑦接受税务检查的义务；⑧代扣、代收税款的义务；⑨及时提供信息的义务；⑩报告其他涉税信息的义务。

第二节　税务管理

一、税务管理的概念

税务管理，是指征收管理机关为了贯彻执行国家税收法律制度，加强税收工作，协调征税关系而对纳税人和扣缴义务人实施的基础性的管理制度与管理行为。税务管理是税收征收管理的重要内容，是税款征收的前提和基础。税务管理主要包括税务登记管理、账簿和凭证管理、发票管理等。

二、税务登记管理

税务登记是税务机关对纳税人的基本情况及生产经营项目进行登记管理的一项基本制度，是整个税收征收管理的起点。税务登记是纳税人接受税务机关监督，依法履行纳税义务的必要程序。

（一）税务登记申请人

企业在外地设立的分支机构和从事生产、经营的场所，个体工商户和从事生产、经营的事业单位，都应当办理税务登记。

前述规定以外的纳税人，除国家机关、个人和无固定生产经营场所的流动性农村小商贩外，也应当办理税务登记。

根据税收法律、行政法规的规定，负有扣缴税款义务的扣缴义务人（国家机关除外），应当办理扣缴税款登记。

（二）税务登记主管机关

县以上（含本级，下同）税务局（分局）是税务登记的主管机关，负责设立登记、变更登记、注销登记，以及非正常户处理、报验登记等有关事项。

县以上税务局（分局）按照国务院规定的税收征收管理范围，实施属地管理，办理税务登记。有条件的城市，可以按照“各区分散受理、全市集中处理”的原则办理税务登记。

（三）“多证合一、一照一码”

随着国务院简政放权、放管结合、优化服务的“放管服”改革不断深化，登记制度改革从“三证合一”推进为“五证合一”，又进一步推进为“多证合一、一照一码”，即在全面实施企业、农民专业合作社工商营业执照，组织机构代码证，税务登记证，社会保险登记证，统计登记证“五证合一、一照一码”登记制度改革，以及个体工商户工商营业执照、税务登记证“两证整合”的基础上，将涉及企业、个体工商户和农民专业合作社（统称“企业”）登记、备案等有关事项与各类证照进一步整合到营业执照上，实现“多证合一、一照一码”。这一改革使营业执照成为企业唯一的“身份证”、统一社会信用代码成为企业唯一的身份代码，有助于实现企业“一照一码”走天下。

三、账簿和凭证管理

账簿和凭证是纳税人进行生产经营活动与核算财务收支的重要资料，也是税务机关对纳税人进行征税、管理、核查的重要依据。

（一）账簿的设置

纳税人、扣缴义务人应按照有关法律、行政法规，以及国务院财政、税务主管部门的规定设置账簿，根据合法、有效凭证记账，进行核算。所谓账簿，是指纳税人连续登记各种经济业务的账册或簿籍，包括总账、明细账、日记账和其他辅助性账簿。

从事生产、经营的纳税人，应当自领取营业执照或者发生纳税义务之日起 15 日内，按照国家有关规定设置账簿。

生产、经营规模小又确无建账能力的纳税人，可以聘请经批准从事会计代理记账业务的专业机构或者经税务机关认可的财会人员代为建账和办理账务。

扣缴义务人应当自税收法律、行政法规规定的扣缴义务发生之日起 10 日内，按照所代扣、代收的税种，分别设置代扣代缴、代收代缴税款账簿。

纳税人、扣缴义务人会计制度健全，能够通过计算机正确、完整计算其收入和所得或者代扣代缴、代收代缴税款情况的，其计算机输出的完整的书面会计记录，可视同会计账簿。

纳税人、扣缴义务人会计制度不健全，不能通过计算机正确、完整计算其收入和所得或者代扣代缴、代收代缴税款情况的，应当建立总账及与纳税或者代扣代缴、代收代缴税款有关的其他账簿。

（二）账簿、凭证等涉税资料的保存

从事生产、经营的纳税人、扣缴义务人必须按照国务院财政、税务主管部门规定的保管期限保管账簿、记账凭证、完税凭证及其他有关资料。账簿、记账凭证、报表、完税凭证、发票、出口凭证以及其他有关涉税资料应当保存10年，但法律、行政法规另有规定的除外。账簿、记账凭证、完税凭证及其他有关资料不得伪造、变造或者擅自损毁。

四、发票管理

发票是指在购销商品、提供或者接受服务以及从事其他经营活动中，开具、收取的收付款凭证。它是确定经济收支行为发生的法定凭证，是会计核算的原始依据。

（一）发票的类型

全国范围内全面推行“营改增”试点后，发票的类型主要是增值税专用发票和增值税普通发票，还有特定范围继续使用的其他发票。

增值税专用发票，包括增值税专用发票和机动车销售统一发票。

增值税普通发票，包括增值税普通发票（折叠票）、增值税电子普通发票和增值税普通发票（卷票）。

其他发票，包括农产品收购发票、农产品销售发票、门票、过路（过桥）费发票、定额发票、客运发票和二手车销售统一发票等。

（二）发票的领购

需要领购发票的单位和个人，应当持税务登记证件、经办人身份证明、按照国务院税务主管部门规定式样制作的发票专用章的印模，向主管税务机关办理发票领购手续。主管税务机关根据领购单位和个人的经营范围与规模，确认领购发票的种类、数量以及领购方式，在5个工作日内发放发票领购簿。

单位和个人领购发票时，应当按照税务机关的规定报告发票使用情况，税务机关应当按照规定进行查验。

需要临时使用发票的单位和个人，可以凭购销商品、提供或者接受服务以及从事其他经营活动的书面证明、经办人身份证明，直接向经营地税务机关申请代开发票。依照税收法律、行政法规规定应当缴纳税款的，税务机关应当先征收税款，再开具发票。税务机关根据发票管理的需要，可以按照国务院税务主管部门的规定委托其他单位代开发票。

（三）发票的开具和使用

1. 发票的开具

销售商品、提供服务以及从事其他经营活动的单位和个人，对外发生经营业务收取款项，收款方应当向付款方开具发票；特殊情况下，由付款方向收款方开具发票。

所有单位和从事生产、经营活动的个人在购买商品、接受服务以及从事其他经营活动支付款项时，应当向收款方取得发票。取得发票时，不得要求变更品名和金额。

开具发票应当按照规定的时限、顺序、栏目，全部联次一次性如实开具，并加盖发票专用章。不符合规定的发票，不得作为财务报销凭证，任何单位和个人均有权拒收。

任何单位和个人不得有下列虚开发票行为：①为他人、为自己开具与实际经营业务情况不符的发票；②让他人为自己开具与实际经营业务情况不符的发票；③介绍他人开具与实际经营业务情况不符的发票。

2. 发票的使用和保管

任何单位和个人应当按照发票管理规定使用发票，不得有下列行为：①转借、转让、介绍他人转让发票、发票监制章和发票防伪专用品；②知道或者应当知道是私自印制、伪造、变造、非法取得或者废止的发票而受让、开具、存放、携带、邮寄、运输；③拆本使用发票；④扩大发票使用范围；⑤以其他凭证代替发票使用。

开具发票的单位和个人应当建立发票使用登记制度，设置发票登记簿，并定期向主管税务机关报告发票使用情况。开具发票的单位和个人应当在办理变更或者注销税务登记的同时，办理发票和发票领购簿的变更、缴销手续。开具发票的单位和个人应当按照税务机关的规定存放与保管发票，不得擅自损毁。已经开具的发票存根联和发票登记簿，应当保存 5 年。保存期满，报经税务机关查验后销毁。

（四）发票的检查

税务机关在发票管理中有权进行下列检查：①检查印制、领购、开具、取得、保管和缴销发票的情况；②调出发票查验；③查阅、复制与发票有关的凭证、资料；④向当事各方询问与发票有关的问题和情况；⑤在查处发票案件时，对与案件有关的情况和资料，可以记录、录音、录像、照相和复制。

印制、使用发票的单位和个人，必须接受税务机关的依法检查，如实反映情况，提供有关资料，不得拒绝、隐瞒。税务人员进行检查时，应当出示税务检查证。

税务机关需要将已开具的发票调出查验时，应当向被查验的单位和个人开具发票换票证。发票换票证与调出查验的发票有同等效力。被调出查验发票的单位和个人不得拒绝接受。税务机关需要将空白发票调出查验时，应当开具收据；经查无问题的，应当及时返还。

第三节　纳税申报和税款征管

一、纳税申报

纳税申报，是指纳税人按照税法规定，定期就计算缴纳税款的有关事项向税务机关提交书面报告的法定手续。

（一）纳税申报的方式

税务机关应当建立、健全纳税人自行申报纳税制度。纳税人、扣缴义务人可以采取邮寄、数据电文等方式办理纳税申报或者报送代扣代缴、代收代缴税款报告表。

1. 自行申报

自行申报也称“直接申报”，是指纳税人、扣缴义务人在规定的申报期限内，直接到主管税务机关指定的办税服务场所办理纳税申报手续。这是一种传统的申报方式。

2. 邮寄申报

邮寄申报，是指经税务机关批准，纳税人、扣缴义务人使用统一的纳税申报专用信封，通过邮政部门办理交寄手续，并以邮政部门收据作为申报凭据的纳税申报方式。

3. 数据电文申报

数据电文申报，是指经税务机关批准，纳税人、扣缴义务人以税务机关确定的电话语音、电子数据交换和网络传输等电子方式进行纳税申报。这种方式运用了新的电子信息技术，代表着纳税申报方式的发展方向，近年来使用范围逐渐扩大。

4. 其他方式

实行定期定额缴纳税款的纳税人，可以采用简易申报、简并征期等方式申报纳税。

（二）纳税申报的其他要求

纳税申报的其他要求：①纳税人在纳税期内没有应纳税款的，也应当按照规定办理纳税申报；②纳税人享受减税、免税待遇的，在减税、免税期间应当按照规定办理纳税申报；③纳税人、扣缴义务人按照规定的期限办理纳税申报或者报送代扣代缴、代收代缴税款报告表确有困难需要延期的，应当在规定的期限内向税务机关提出书面延期申请，经税务机关核准，在核准的期限内办理。

纳税人、扣缴义务人因不可抗力，不能按期办理纳税申报或者报送代扣代缴、代收代缴税款报告表的，可以延期办理；但是，应当在不可抗力情形消除后立即向税务机关报告，税务机关应当查明事实，予以核准。

经核准延期办理纳税申报、报送事项的，应当在纳税期内按照上期实际缴纳的税额或者税务机关核定的税额预缴税款，并在核准的延期内办理税款结算。

二、税款征收

税款征收是税务机关依照税收法律、法规的规定，将纳税人依法应当缴纳的税款组织入库的一系列活动的总称。

（一）税款征收的方式

由于纳税人存在个体差异，税款征收的方式也不可能统一固定，必须根据不同情况，采取相应的征收方式。

1. 查账征收

查账征收，是指针对财务会计制度健全的纳税人，税务机关依据其报送的纳税申报表、财务会计报表和其他有关纳税资料，依照适用税率，计算其应缴纳税款的税款征收方式。这种征收方式适用于财务会计制度健全、能够如实核算和提供生产经营情况，并能正确计算应纳税款和如实履行纳税义务的纳税人。

2. 查定征收

查定征收，是指针对账务不全，但能控制其材料、产量或进销货物的纳税单位或个人，税务机关依据正常条件下的生产能力对其生产的应税产品查定产量、销售额并据以确定其应缴纳税款的税款征收方式。这种征收方式适用于生产经营规模较小、产品零星、税源分散、会计账册不健全的小型企业和个体工商户。

3. 查验征收

查验征收，是指税务机关对纳税人的应税商品、产品，通过查验数量，按市场一般销售单价计算其销售收入，并据以计算其应缴纳税款的税款征收方式。这种征收方式适用于纳税人财务制度不健全、生产经营不固定、零星分散、流动性大的税源。

4. 定期定额征收

定期定额征收，是指税务机关对小型个体工商户在一定经营地点、一定经营时期、一定经营范围内的应纳税经营额（包括经营数量）或所得额进行核定，并以此为计税依据，确定其应缴纳税额的一种税款征收方式。这种征收方式适用于难以查账征收，不能准确计算计税依据的个体工商户。

（二）应纳税额的核定

1. 核定应纳税额的情形

纳税人有下列情形之一的，税务机关有权核定其应纳税额：①依照法律、行政法规的规定可以不设置账簿的；②依照法律、行政法规的规定应当设置但未设置账簿的；③擅自销毁账簿或者拒不提供纳税资料的；④虽设置账簿，但账目混乱或者成本资料、收入凭证、费用凭证残缺不全，难以查账的；⑤发生纳税义务，未按照规定的期限办理纳税申报，经税务机关责令限期申报，逾期仍不申报的；⑥纳税人申报的计税依据明显偏低，又无正当理由的。

2. 核定应纳税额的方法

为了减少核定应纳税额的随意性，使核定的税额更接近纳税人实际情况和法定负担水平，税务机关有权采用下列任何一种方法核定应纳税额：①参照当地同类行业或者类似行业经营规模和收入水平相近的纳税人的税负水平核定；②按照营业收入或者成本加合理的费用和利润的方法核定；③按照耗用的原材料、燃料、动力等推算或者测算核定；④按照其他合理方法核定。

当其中一种方法不足以正确核定应纳税额时，可以同时采用两种或两种以上的方法核定。纳税人对税务机关采取上述方法核定的应纳税额有异议的，应当提供相关证据，经税务机关认定后，调整应纳税额。

（三）税款征收措施

为了保证税款征收工作的顺利进行，《税收征收管理法》及其实施细则赋予了税务机关在税款征收过程中针对不同情况采取相应征收措施的职权。

1. 责令缴纳

责令缴纳的情形包括以下四种：①纳税人未按照规定期限缴纳税款的，扣缴义务人未按照规定期限解缴税款的，税务机关可责令限期缴纳，并从滞纳税款之日起，按日加收滞纳税款万分之五的滞纳金。逾期未缴纳的，税务机关可以采取税收强制执行措施。②对未按照规定办理税务登记的从事生产、经营的纳税人，以及临时从事经营的纳税人，税务机关核定其应纳税额，责令其缴纳应纳税款。纳税人不缴纳的，税务机关可以扣押其价值相当于应纳税款的商品、货物。扣押后缴纳应纳税款的，税务机关必须立即解除扣押，并归还所扣押的商品、货物；扣押后仍不缴纳应纳税款的，经县以上税务局（分局）局长批准，依法拍卖或者变卖所扣押的商品、货物，以拍卖或者变卖所得抵缴税款。③税务机关有根据认为从事生产、经营的纳税人有逃避纳税义务行为，可在规定的纳税期之前责令其限期缴纳应纳税款。逾期仍未缴纳的，税务机关有权采取其他税款征收措施。④纳税担保人未按照规定的期限缴纳所担保的税款，税务机关可责令其限期缴纳应纳税款。逾期仍未缴纳的，税务机关有权采取其他税款征收措施。

2. 责令提供纳税担保

纳税担保，是指经税务机关同意或确认，纳税人或其他自然人、法人、经济组织以保证、抵押、质押的方式，为纳税人应当缴纳的税款及滞纳金提供担保的行为。纳税担保包括经税务机关认可的有纳税担保能力的保证人为纳税人提供的纳税保证，以及纳税人或者第三人以其未设置或者未全部设置担保物权的财产提供的担保。

（1）适用纳税担保的情形。

适用纳税担保的情形包括以下四种：①税务机关有根据认为从事生产、经营的纳税人有逃避纳税义务行为，在规定的纳税期之前经责令其限期缴纳应纳税款，在限期内发现纳税人有明显的转移、隐匿其应纳税的商品、货物，以及其他财产或者应纳税收入的迹象，责成纳税人提供纳税担保的。②欠缴税款、滞纳金的纳税人或者其法定代表人需要出境的。③纳税人同税务机关在纳税上发生争议而未缴清税款，需要申请行政复议的。④税收法律、行政法规规定可以提供纳税担保的其他情形。

（2）纳税担保的范围。

纳税担保的范围包括税款、滞纳金和实现税款、滞纳金的费用。费用包括抵押、质押登记费用，质押保管费用，以及保管、拍卖、变卖担保财产等相关费用支出。

用于纳税担保的财产、权利的价值不得低于应当缴纳的税款、滞纳金，并要考虑相关的费用。纳税担保的财产价值不足以抵缴税款、滞纳金的，税务机关应当向提供担保的纳税人或纳税担保人继续追缴。用于纳税担保的财产、权利的价格估算，除法律、行政法规另有规定外，参照同类商品的市场价、出厂价或者评估价估算。

3. 采取税收保全措施

（1）适用税收保全的情形及措施。

税务机关责令具有税法规定情形的纳税人提供纳税担保而纳税人拒绝提供纳税担保或无力提供纳税担保的，经县以上税务局（分局）局长批准，税务机关可以采取下列税收保全措施：①书面通知纳税人开户银行或者其他金融机构冻结纳税人的金额相当于应纳税款的存款。②扣押、查封纳税人的价值相当于应纳税款的商品、货物或者其他财产。其他财产包括纳税人的房地产、现金、有价证券等不动产和动产。

（2）不适用税收保全的财产。

个人及其所扶养家属维持生活必需的住房和用品，不在税收保全措施的范围之内。需要注意的是，个人及其所扶养家属维持生活必需的住房和用品不包括机动车辆、金银饰品、古玩字画、豪华住宅或者一处以外的住房。个人所扶养家属，是指与纳税人共同居住生活的配偶、直系亲属以及无生活来源并由纳税人扶养的其他亲属。

税务机关对单价 5000 元以下的其他生活用品，不采取税收保全措施。

4. 采取强制执行措施

（1）适用强制执行的情形及措施。

从事生产、经营的纳税人、扣缴义务人未按照规定的期限缴纳或者解缴税款，纳税担保人未按照规定的期限缴纳所担保的税款，由税务机关责令限期缴纳，逾期仍未缴纳的，经县以上税务局（分局）局长批准，税务机关可以采取下列强制执行措施：①强制扣款，即书面通知其开户银行或者其他金融机构从其存款中扣缴税款。②拍卖变卖，即扣押、查封、依法拍卖或者变卖其价值相当于应纳税款的商品、货物或者其他财产，以拍卖或者变卖所得抵缴税款。

税务机关采取强制执行措施时，对上述纳税人、扣缴义务人、纳税担保人未缴纳的滞纳金同时强制执行。个人及其所扶养家属维持生活必需的住房和用品，不在强制执行措施的范围之内。税务机关对单价 5000 元以下的其他生活用品，不采取强制执行措施。

（2）抵税财物的拍卖与变卖。

抵税财物，是指被税务机关依法实施税收强制执行而扣押、查封或者按照规定应强制执行的已设置纳税担保物权的商品、货物、其他财产或者财产权利。拍卖，是指税务机关将抵税财物依法委托拍卖机构，以公开竞价的形式，将特定财物转让给最高应价者的买卖方式。变卖，是指税务机关将抵税财物委托商业企业代为销售、责令纳税人限期处理或由税务机关变价处理的买卖方式。国家税务总局发布的《抵税财物拍卖、变卖试行办法》对抵税财物的拍卖与变卖行为进行了规范，以保障国家税收收入并保护纳税人的合法权益。

适用拍卖、变卖的情形包括以下六种：①采取税收保全措施后，限期期满仍未缴纳税款的；②设置纳税担保后，限期期满仍未缴纳所担保的税款的；③逾期不按规定履行税务处理决定的；④逾期不按规定履行复议决定的；⑤逾期不按规定履行税务行政处罚决定的；⑥其他经责令限期缴纳，逾期仍未缴纳税款的。对上述第③项至第⑥项情形进行强制执行时，在拍卖、变卖之前（或同时）进行扣押、查封，办理扣押、查封手续。

拍卖、变卖的执行要遵循一定的原则与顺序。税务机关按照拍卖优先的原则确定抵税财物拍卖、变卖的顺序如下：①委托依法成立的拍卖机构拍卖；②无法委托拍卖或者不适于拍卖的，可以委托当地商业企业代为销售，或者责令被执行人限期处理；③无法委托商业企业销售，被执行人也无法处理的，由税务机关变价处理。国家禁止自由买卖的商品、货物、其他财产，应当交由有关单位按照国家规定的价格收购。

5. 阻止出境

欠缴税款的纳税人或者其法定代表人在出境前未按规定结清应纳税款、滞纳金或者提供纳税担保的，税务机关可以通知出境管理机关阻止其出境。

三、税务检查

税务检查又称“纳税检查”，是指税务机关根据税收法律、行政法规的规定，对纳税人、扣缴义务人履行纳税义务、扣缴义务及其他有关税务事项进行审查、核实、监督活动的总称。

（一）税务机关在税务检查中的职权和职责

（1）税务机关有权进行下列税务检查：

第一，检查纳税人的账簿、记账凭证、报表和有关资料，检查扣缴义务人代扣代缴、代收代缴税款账簿、记账凭证和有关资料。

第二，到纳税人的生产、经营场所和货物存放地检查纳税人应纳税的商品、货物或者其他财产，检查扣缴义务人与代扣代缴、代收代缴税款有关的经营情况。

第三，责成纳税人、扣缴义务人提供与纳税或者代扣代缴、代收代缴税款有关的文件、证明材料和有关资料。

第四，询问纳税人、扣缴义务人与纳税或者代扣代缴、代收代缴税款有关的问题和情况。

第五，到车站、码头、机场、邮政企业及其分支机构检查纳税人托运、邮寄应纳税商品、货物或者其他财产的有关单据、凭证和资料。

第六，经县以上税务局（分局）局长批准，指定专人负责，凭全国统一格式的检查存款账户许可证明，查询从事生产、经营的纳税人、扣缴义务人在银行或者其他金融机构的存款账户，并有责任为被检查人保守秘密。税务机关在调查税收违法案件时，经设区的市、自治州以上税务局（分局）局长批准，可以查询案件涉嫌人员的储蓄存款。税务机关查询所获得的资料，不得用于税收以外的事项。

（2）税务机关对从事生产、经营的纳税人以前纳税期的纳税情况依法进行税务检查时，发现纳税人有逃避纳税义务行为，并有明显的转移、隐匿其应纳税的商品、货物以及其他财产或者应纳税收入的迹象的，可以按照《税收征收管理法》规定的批准权限采取税收保全措施或者强制执行措施。

税务机关采取税收保全措施的期限一般不得超过6个月；重大案件需要延长的，应当报国家税务总局批准。

（3）税务机关调查税务违法案件时，对与案件有关的情况和资料，可以记录、录音、录像、照相和复制。

（4）税务机关依法进行税务检查时，有权向有关单位和个人调查纳税人、扣缴义务人和其他当事人与纳税或者代扣代缴、代收代缴税款有关的情况。

（5）税务机关派出的人员进行税务检查时，应当出示税务检查证和税务检查通知书，并有责任为被检查人保守秘密；未出示税务检查证和税务检查通知书的，被检查人有权拒绝检查。

（二）被检查人的义务

被检查人的义务包括以下两项：

第一，纳税人、扣缴义务人必须接受税务机关依法进行的税务检查，如实反映情况，提供有关资料，不得拒绝、隐瞒。

第二，税务机关依法进行税务检查，向有关单位和个人调查纳税人、扣缴义务人和其他当事人与纳税或者代扣代缴、代收代缴税款有关的情况时，有关单位和个人有义务向税务机关如实提供有关资料及证明材料。

课后习题

一、名词解释

税收征收管理法　税务管理　税收登记　发票　纳税申报　税款征收　税务检查

二、简答题

1. 简述《税收征收管理法》的适用范围。
2. 简述税务管理的内容。
3. 发票的类型有哪些？
4. 纳税申报的方式有哪些？
5. 税款征收的方式有哪些？
6. 税务机关有权核定纳税人应纳税额的情形包括哪些？
7. 税务机关核定应纳税额的方法有哪些？

三、论述题

试述税务机关在税款征收过程中可以采取哪些征收措施，分别对应哪些情形。

第四章

财税（会计）工作基础知识

第一节 会计基础知识

一、会计的概念与职能

会计，是以货币为主要计量单位，对企业、行政事业单位或其他经济组织的经济活动进行完整、连续、系统的核算和监督，以提供经济信息和反映受托责任履行情况为主要目的的经济管理活动。

会计的职能，是指会计在经济管理过程中具有的功能，包括核算和监督两项基本职能。核算职能，是指会计以货币为主要计量单位，对特定主体的经济活动进行确认、计量、记录和报告。会计核算贯穿经济活动的全过程，是会计最基本的职能。监督职能，是指对特定主体经济活动和相关会计核算的真实性、合法性与合理性进行审核。核算与监督相辅相成、辩证统一。会计核算是会计监督的基础，会计监督是会计核算质量的保障。随着会计的发展，其功能不断完善，具备了预测经济前景、参与经济决策、评价经营业绩等拓展职能。

二、会计基本假设

会计基本假设是企业会计确认、计量、记录和报告的前提，具体是指对会计核算时间和空间范围等所做的合理假定。会计基本假设包括会计主体假设、持续经营假设、会计分期假设和货币计量假设。

（一）会计主体假设

会计主体假设，是指会计工作服务的特定对象，是企业会计确认、计量和报告的空间范围。会计核算应当集中反映特定服务对象发生的交易或事项，并将其与其他企业的交易或事项区别开来，也要与企业所有者个人的交易或事项区别开来。在会计主体假设下，企业应当对其本身发生的交易或事项进行会计确认、计量和报告，反映企业本身从事的各项生产经营活动和其他相关活动。

（二）持续经营假设

持续经营假设，是指在可以预见的未来，企业将按当前的规模和状态继续经营下去，不会停业，也不会大规模削减业务。持续经营假设强调会计确认、计量和报告以企业持续、正常的生产经营活动为前提。

（三）会计分期假设

会计分期假设，是指将一个企业持续的生产经营活动划分为一个个连续的、长短相同的期间，即会计期间。会计分期的目的，是将持续的生产经营活动划分为一定的会计期间，据以结算盈亏，编报财务报告，从而及时向财务报告使用者提供与其进行经济决策相关的会计信息。

（四）货币计量假设

货币计量假设，是指会计主体在会计确认、计量和报告时以货币为主要计量单位，来反映会计主体的生产经营活动。货币是商品的一般等价物，是衡量一般商品价值的共同尺度，具有价值尺度、流通手段、贮藏手段、支付手段和世界货币五大职能。选择货币作为共同尺度进行计量，能够全面、综合反映企业的生产经营情况。

三、会计核算基础

会计核算基础，是指会计确认、计量和报告的基础，具体包括权责发生制和收付实现制。

（一）权责发生制

权责发生制，是指以享有收取款项的权利或承担支付款项的义务为标志来确定本期收入和费用。在实务中，企业交易或者事项的发生时间与款项收付时间有时并不完全一致，如赊销、赊购等。为了真实、公允地反映财务状况和经营成果，企业应当以权责发生制为基础进行会计确认、计量和报告。凡是当期已经实现的收入和已经发生或者应当负担的费用，无论款项是否收付，都应当作为当期的收入和费用，计入利润表；凡是不属于当期的收入和费用，即使款项已在当期收付，也不应当作为当期的收入和费用。

（二）收付实现制

收付实现制，是指以现金的实际收付为标志确定本期收入和支出。凡在本期实际收到或付出的款项，无论其发生时间早晚或是否应由本期承担，都作为本期的收入和支出处理。

四、会计信息质量要求

会计信息质量要求，是指对企业对外提供的会计信息质量的基本要求，是使财务报告所提供会计信息对信息使用者决策有用应具备的基本特征，主要包括可靠性、相关性、可理解性、可比性、实质重于形式、重要性、谨慎性和及时性。

（一）可靠性

可靠性，是指企业应当以实际发生的交易或者事项为依据进行确认、计量和报告，如实反映符合确认和计量要求的会计要素及其他相关信息，保证会计信息真实可靠、内容完整。

可靠性是高质量会计信息的重要基础和关键所在。只有可靠的会计信息才有利于财务报告使用者做出合理的决策。企业以虚假的交易或者事项进行确认、计量和报告，属于违法行为，不仅会严重损害会计信息质量，而且会误导投资者，干扰资本市场，影响正常的社会经济发展秩序。

（二）相关性

相关性，是指企业提供的会计信息应当与财务报告使用者进行经济决策的需要相关，有助于财务报告使用者对企业过去、现在和未来的情况做出评价或者预测。

会计信息是否有用、是否有价值，关键看其与使用者的经济决策需要是否相关，是否有助于财务报告使用者做出决策或提高决策水平。

（三）可理解性

可理解性，是指企业提供的会计信息应当清晰明了，便于财务报告使用者理解和使用。

企业提供会计信息的目的在于帮助信息使用者做出合理的经济决策。这就要求财务报告提供的会计信息清晰明了、易于理解。只有这样，才能提高会计信息的有用性，实现财务报告的目标，满足向报告使用者提供决策有用信息的要求。

（四）可比性

可比性，是指企业提供的会计信息应当相互可比。可比性主要有以下两层含义：

第一，同一企业不同期间的会计信息可比。同一企业不同期间发生的相同或相似的交易或者事项，应当采用一致的会计政策，不得随意变更。确实需要变更的，如会计政策变更后能够提供更可靠、更相关的会计信息，企业可以变更会计政策，但应当在附注中予以说明。

第二，不同企业相同会计期间的信息可比。不同企业同一会计期间发生的相同或相似的交易或者事项，应当采用统一的会计政策，确保会计信息口径一致、相互可比，以便不同企业按照统一的确认、计量和报告要求提供有关会计信息。

（五）实质重于形式

实质重于形式，是指企业应当按照交易或者事项的经济实质进行会计确认、计量和报告，不应仅以交易或者事项的法律形式为依据。

在多数情况下，企业发生交易或者事项的经济实质和法律形式是一致的。但在某些情况下，会出现不一致。例如，企业融资租入固定资产，虽然在法律形式上企业并不拥有其所有权，但是由于租赁合同规定的租赁期相当长，往往接近于该资产的使用寿命，在租赁期结束时，承租企业一般有优先购买该资产的权利，在租赁期内，承租企业有权支配资产并从中受益。在经济实质上，企业能够控制租入资产创造的未来经济利益；在会计确认、计量和报告时，应当将租入资产视为企业资产，在企业的资产负债表中进行反映。

（六）重要性

重要性，是指企业提供的会计信息应当反映与企业财务状况、经营成果和现金流量有关的所有重要交易或者事项。

重要性的应用需要依赖职业判断。企业应当根据其所处环境和实际情况，从项目的性质和金额两个方面加以判断。例如，某项会计信息的省略或者错报会影响财务报告使用者的决策，该信息就具有重要性。

（七）谨慎性

谨慎性，是指企业对交易或者事项进行会计确认、计量和报告应当保持应有的谨慎，不应高估资产或者收益、低估负债或者费用。

在市场经济环境下，企业的生产经营活动面临诸多风险和不确定性。谨慎性要求企业在面临不确定性因素时，保持应有的谨慎，充分考虑各种风险和损失，既不高估资产或者收益，也不低估负债或者费用。例如，企业对售出商品很可能发生的保修义务确认预计负债，就体现了会计信息质量的谨慎性要求。

（八）及时性

及时性，是指企业对于已经发生的交易或者事项，应当及时进行确认、计量和报告，不得提前或延后。

企业提供会计信息的价值在于帮助财务报告使用者做出经济决策，因而会计信息具有很强的时效性。为了保证会计信息提供的及时性，企业应该做到及时收集会计信息、及时处理会计信息、及时传递会计信息。

第二节　会计系统与业务

一、会计要素与会计等式

（一）会计要素

会计要素是根据交易或者事项的经济特征确定的财务会计对象及其基本分类。按照性质，会计要素可分为资产、负债、所有者权益、收入、费用和利润，其中，资产、负债和所有者权益侧重于反映企业的财务状况，收入、费用和利润侧重于反映企业的经营成果。

1. 资产

（1）资产的定义及特征。

资产，是指企业过去的交易或者事项形成的、由企业拥有或者控制的、预期会给企业带来经济利益的资源。根据以上定义，资产具有以下三个特征。

第一，资产是由企业过去的交易或者事项形成的。过去的交易或者事项，是指企业已经完成的交易或事项，具体包括购买、生产、建造行为等。只有过去的交易或者事项才能产生资产，企业预期在未来发生的交易或者事项不形成资产。例如，企业有购买某项商品的意愿或计划，但是实际购买行为尚未发生，就不符合资产的定义，不能确认为资产。

第二，资产应为企业拥有或者控制的资源。企业拥有或者控制的资源，是指企业享有某项资源的所有权，或者虽然不享有某项资源的所有权，但该资源能被企业控制。

第三，资产预期会给企业带来经济利益。经济利益，是指资产直接或者间接导致现金和现金等价物流入企业的潜力，这是资产的本质特征。这种潜力可以来自企业日常的生产经营活动，也可以来自非日常生产经营活动。

（2）资产的内容。

企业资产分为流动资产和非流动资产两大类。其中：流动资产包括货币资金、交易性金融资产、衍生金融资产、应收票据、应收账款、应收款项融资、预付款项、其他应收款、存货、合同资产、持有待售资产、一年内到期的非流动资产、其他流动资产；非流动资产包括债权投资、其他债权投资、长期应收款、长期股权投资、其他权益工具投资、其他非流动金融资产、投资性房地产、固定资产、在建工程、生产性生物资产、油气资产、使用权资产、无形资产、开发支出、商誉、长期待摊费用、递延所得税资产、其他非流动资产。

2. 负债

（1）负债的定义及特征。

负债，是指企业过去的交易或者事项形成的、预期会导致经济利益流出企业的现时义务。根据以上定义，负债具有以下三个特征。

第一，负债是由企业过去的交易或者事项形成的。换句话说，只有过去的交易或者事项才形成负债，企业将在未来发生的承诺、签订的合同等交易或者事项，不形成负债。

第二，负债是企业承担的现时义务。现时义务，是指企业在现行条件下已承担的义务。未来发生的交易或者事项形成的义务，不属于现时义务，不应当确认为负债。

第三，负债预期会导致经济利益流出企业。这是负债的本质特征，只有在履行义务时导致经济利益流出企业，才会产生负债。

（2）负债的内容。

企业负债分为流动负债和非流动负债两大类。其中：流动负债包括短期借款、交易性金融负债、衍生金融负债、应付票据、应付账款、预收款项、合同负债、应付职工薪酬、应交税费、其他应付款、持有待售负债、一年内到期的非流动负债、其他流动负债；非流动负债包括长期借款、应付债券、租赁负债、长期应付款、预计负债、递延收益、递延所得税负债、其他非流动负债。

3. 所有者权益

（1）所有者权益的定义及特征。

所有者权益，是指企业资产扣除负债后，由所有者享有的剩余权益。所有者权益又称“股东权益”，是所有者对企业资产的剩余索取权，是企业的资产扣除债权人权益后应由所有者享有的部分，既可反映所有者投入资本的保值增值情况，又能体现保护债权人权益的理念。所有者享有的权益体现为剩余权益，这是所有者权益的基本特征。

（2）所有者权益的内容。

所有者权益包括所有者投入的资本、其他综合收益、留存收益等，通常由股本（或实收资本）、资本公积（含股本溢价或资本溢价、其他资本公积）、其他综合收益、盈余公积和未分配利润等构成。

4. 收入

（1）收入的定义及特征。

收入，是指企业在日常活动中形成的、会导致所有者权益增加的、与所有者投入资本无关的经济利益的总流入。根据以上定义，收入具有以下三个特征。

第一，收入是企业在日常活动中形成的。日常活动，是指企业为完成其经营目标从事的经常性活动，以及与之相关的活动。例如，工业企业制造并销售产品，就属于企业的日常活动。

第二，收入会导致所有者权益的增加。与收入相关的经济利益的流入应当会导致所有者权益的增加，不会导致所有者权益增加的经济利益的流入不符合收入的定义，不应当确认为收入。

第三，收入是与所有者投入资本无关的经济利益的总流入。实务中，经济利益的流入有时是所有者投入资本的增加导致的，所有者投入资本不是企业的日常活动，不应当确认为收入，应当将其直接确认为所有者权益。

（2）收入的内容。

收入包括主营业务收入、其他业务收入、投资收益和营业外收入。

5. 费用

（1）费用的定义及特征。

费用，是指企业在日常活动中发生的、会导致所有者权益减少的、与向所有者分配利润无关的经济利益的总流出。根据以上定义，费用具有以下三个特征。

第一，费用是企业在日常活动中形成的。这里日常活动的界定与收入定义中日常活动的界定一致。企业非日常活动形成的经济利益的流出不能确认为费用，而应计入损失。

第二，费用会导致所有者权益的减少。与费用相关的经济利益的流出会导致所有者权益的减少，不会导致所有者权益减少的经济利益的流出不符合费用的定义，不应当确认为费用。

第三，费用是与向所有者分配利润无关的经济利益的总流出。费用的发生会导致经济利益的流出，从而导致资产的减少或者负债的增加。企业向所有者分配利润也会导致经济利益的流出，而该经济利益的流出会导致企业利润的减少，而不是费用的增加，应将其排除在费用之外。

（2）费用的内容。

费用包括主营业务成本、营业税金及附加、其他业务成本、销售费用、管理费用、财务费用、投资损失、所得税费用、营业外支出。

6. 利润

（1）利润的定义。

利润，是指企业在一定会计期间的经营成果。通常情况下，如果企业实现了利润，则表明企业的所有者权益有所增加；反之，如果企业发生亏损（利润为负数），则表明企业的所有者权益有所减少。

（2）利润的内容。

利润包括收入减去费用后的净额、直接计入当期利润的利得和损失等。其中：收入减去费用后的净额反映企业日常活动的业绩；直接计入当期利润的利得和损失，是指应当计入当期损益、会导致所有者权益发生增减变动、与所有者投入资本或者向所有者分配利润无关的利得或损失。

（二）会计等式

会计等式，又称“会计恒等式”“会计方程式”“会计平衡公式”，是表明会计要素之间基本关系的等式。会计等式有两种类型，即静态会计等式和动态会计等式。

1. 静态会计等式

静态会计等式是由静态会计要素组合而成的、反映企业一定时点财务状况的等式。该等式是复式记账法的理论基础，也是编制资产负债表的依据。其组合方式为

$$资产=负债+所有者权益$$

资产表明企业拥有的经济资源，负债和所有者权益表明经济资源的来源渠道。企业的资产最初来源于两个方面：一是企业所有者投入，二是企业向债权人借入。所有者和债权人将其拥有的资产提供给企业使用，就相应地对企业的资产享有要求权。前者称为“所有者权益”，后者则称为“债权人权益”，即负债。因此，资产、负债和所有者权益之间在数量上存在恒等关系。

2. 动态会计等式

动态会计等式是由动态会计要素组合而成的、反映企业一定会计期间经营成果的等式。该等式是编制利润表的依据。其组合方式为

收入-费用=利润

企业进行生产经营活动的目的是获取收入、实现盈利。企业在取得收入的同时，必然要发生相应的费用。通过收入与费用的比较，才能确定一定期间的盈利水平以及实现的利润总额。

二、会计方法

（一）会计方法的定义

会计方法，是指会计人员用来处理企业发生的交易或事项，记录和报告会计信息，并保证会计信息真实可靠的具体手段。

（二）会计方法的构成

1. 账户设置

账户是根据会计科目设置的、具有一定格式和结构、用于分类核算会计要素增减变动情况及结果的载体。

2. 复式记账

复式记账，是指对发生的每项交易或事项，都必须用相等的金额在两个或两个以上相互联系的账户中进行登记，全面、系统地反映会计要素增减变化的一种记账方法。复式记账分为借贷记账法、增减记账法、收付记账法等。我国会计准则规定，企业、行政单位和事业单位会计核算采用借贷记账法。

3. 会计凭证的填制和审核

会计凭证，是指记录经济业务发生或者完成情况的书面证明，是登记账簿的依据。每个企业都必须按一定的程序填制和审核会计凭证，根据审核无误的会计凭证进行账簿登记，如实反映企业的经济业务。

4. 账簿登记

会计账簿，简称“账簿”，由一定格式的账页组成。账簿登记以审核无误的会计凭证为依据，在账簿中全面、系统、连续地记录各项经济业务和会计事项。

5. 成本计算

成本计算，是归集一定计算对象发生的全部费用，进而确定其总成本和单位成本的一种专门方法。

6. 财产清查

财产清查，是指通过盘点实物、核对账目查明财产账存数与实存数是否相符的一种专门方法。财产清查的目的是保证账户记录真实准确、保证账实相符。

7. 财务报告编制

财务报告编制，是定期总括反映企业的财务状况、经营成果、现金流量等的一种专门方法。财务报告编制的主要工作是编制财务报表。

三、财务报告

（一）财务报告及其目标

财务报告，是指企业对外提供的综合反映企业某一特定日期的财务状况和某一会计期间的经营成果、现金流量等会计信息的文件。财务报告包括财务报表和其他应当在财务报告中披露的信息与资料。

财务报告的目标，是向财务报告使用者提供与企业财务状况、经营成果和现金流量等有关的会计信息，反映企业管理层受托责任履行情况，有助于财务报告使用者做出经济决策。财务报告使用者通常包括投资者、债权人、政府及其有关部门、社会公众等。

（二）财务报表的组成

财务报表，也称“会计报表”，是对企业财务状况、经营成果和现金流量的结构性表述。一套完整的财务报表至少应当包括资产负债表、利润表、现金流量表、所有者权益（或股东权益）变动表以及附注。

资产负债表反映企业在某一特定日期的财务状况。利润表反映企业在一定会计期间的经营成果。现金流量表反映企业在一定会计期间的现金及现金等价物流入和流出。所有者权益（或股东权益）变动表反映所有者权益（或股东权益）各组成部分当期的增减变动情况。附注是财务报表不可或缺的组成部分，是对财务报表中列示项目的文字描述或明细资料的补充，以及对未能在报表中列示项目的说明等。

第三节　财务管理基础知识

一、企业的组织形式

企业的组织形式主要有三种，即独资企业、合伙企业和公司制企业。

（一）独资企业

独资企业，是指由一个人出资经营，归个人所有和控制的企业。业主自负盈亏，对企业的资产拥有所有权，独享利润。独资企业不缴纳企业所得税，其收益要汇总到投资人的其他收入里一并缴纳个人所得税。独资企业是最简单的企业组织形式，也是规范程度最低的企业组织形式。

独资企业的优点包括创立容易、经营管理灵活自由、固定成本低、不需要缴纳企业所得税等。独资企业的缺点包括业主对企业债务承担无限责任、难以从外部获得大量资金用于经营、所有权的转移比较困难、企业寿命有限等。

（二）合伙企业

合伙企业，是指由两个或两个以上的自然人、法人或其他组织订立合伙协议，共同出资、合伙经营、共享收益、共担风险，并对合伙债务承担无限连带责任的营利性组织。

除业主不止一人外，合伙企业的优缺点与独资企业类似。此外，每个合伙人对企业债务均须承担无限连带责任。如果一个合伙人没有能力偿还其应分担的债务，其他合伙人须承担连带责任。法律还规定，合伙人转让其所有权时需要取得其他合伙人的同意，有时甚至还需要修改合伙协议。

（三）公司制企业

公司制企业，是指由两个以上投资人（自然人或法人）依法出资组建，有独立法人财产，自主经营、自负盈亏的法人企业。出资者按出资额对公司承担有限责任，公司则以其全部资产对债务承担责任。公司制企业主要分为有限责任公司和股份有限公司两种。

有限责任公司简称“有限公司”，是指股东以其认缴的出资额为限对公司承担责任，公司以其全部资产为限对公司的债务承担责任的法人企业。股份有限公司简称“股份公司”，是指将其全部资本分为等额股份，股东以其所持股份为限对公司承担责任，公司以其全部资产对公司的债务承担责任的法人企业。

公司制企业有以下四个优点：①容易转让所有权。公司的所有者权益被划分为若干股份份额，每份份额可以单独转让。②有限债务责任。公司债务是法人的债务，不是所有者的债务。所有者对公司承担的责任以其出资额为限。当公司资产不足以偿还其所欠债务时，股东无须承担连带责任。③公司制企业可以无限存续，一个公司在最初的所有者和经营者退出后，可以继续存在。④公司制企业融资渠道较多，更容易筹集所需资金。股份有限公司的人数没有上限，如果一个公司需要更多的资金，它可以采用发行新股的方式吸纳新的资金进入，不断增加股东数量。

公司制企业有以下三个缺点：①组建公司的成本高。公司法对于设立公司的要求比设立独资企业或合伙企业复杂，并且需要提交一系列法律文件，花费的时间较长。②存在代理问题。所有权和经营权分离后，所有者成为委托人，经营者成为代理人，代理人可能为了自身利益而损害委托人利益。③双重课税。公司作为独立的法人，其利润需缴纳企业所得税，企业利润分配给股东后，股东还需缴纳个人所得税。

二、财务管理的概念和内容

财务管理是组织财务活动、处理财务关系的一项经济管理工作，是企业管理的重要组成部分。

财务管理的内容包括筹资管理、投资管理、营运资金管理、利润及其分配管理等。财务管理的基本点是在社会主义市场经济条件下，按照资金运动的客观规律，对企业的资金运动及其引起的财务关系进行有效管理。

（一）筹资管理

筹资管理是财务管理的一项基本内容。企业的资金包括权益资金和债务资金，筹资管理要解决的是筹资渠道、筹资方式、筹资风险和筹资成本等问题，即选择合适的筹资方式，在风险和成本之间权衡得失，最终确定最佳的资本结构。

（二）投资管理

企业筹集的资金投入生产经营，用于购买固定资产和无形资产，便形成对内投资；用于购买其他企业的股票、债券，或直接投资，便形成对外投资。无论是对内投资还是对外投资，在做出投资决策时都需要考虑投资对象、投资时期、投资报酬和投资风险等，力求选择收益大、风险小的投资方案。

（三）营运资金管理

营运资金是企业对全部流动资产的投资，净营运资金是流动资产减去流动负债后的余额，因此营运资金管理既包括对流动资产的管理，也包括对流动负债的管理。

（四）利润及其分配管理

利润及其分配管理包括企业利润管理和利润分配管理。其基本管理要求是认真做好利润预测和利润计划，确保利润目标的实现；合理分配利润，确保各方利益。

三、财务管理的目标

财务管理目标应与企业经营管理目标一致，并受经营管理目标制约。在财务管理理论研究中，对财务管理目标的确定一直存在争议。具体来说，包括如下四种代表性观点。

（一）利润最大化

利润最大化观点认为，利润是衡量企业经营和财务管理水平的标志，利润越大，越能满足投资人对投资回报的要求。利润最大化就是假定企业财务管理以实现利润最大为目标。

以利润最大化作为财务管理目标，主要原因有三个：一是人类从事生产经营活动的目的是创造更多的剩余产品，在市场经济条件下，剩余产品的多少可以用利润这个指标来衡量；二是在自由竞争的资本市场中，资本的使用权最终属于获利最多的企业；三是只有每个企业都最大限度地创造利润，整个社会的财富才可能实现最大化，从而带来社会的进步和发展。

利润最大化的主要优点是，企业追求利润最大化，就必须讲求经济核算、加强管理、改进技术、提高劳动生产率、降低产品成本，这些措施都有利于企业资源的合理配置，以及企业整体经济效益的提高。

但是，以利润最大化作为财务管理目标也存在以下四个缺点：

第一，没有考虑利润实现的时间。比如，今年 100 万元的利润和 10 年以后同等数量的利润，其实际价值并不相同，10 年间还会有时间价值的增加，而且这一数值会因贴现率的不同而有所不同。

第二，没有考虑风险问题。不同行业具有不同的风险，同等利润值在不同行业的意义也不同。比如，对于风险比较高的高科技企业的利润和风险相对较小的制造业企业的利润，就无法进行简单比较。

第三，没有反映创造利润与投入资本之间的关系。利润作为绝对数指标，无法反映单位投入的产出。

第四，可能导致企业财务决策的短期倾向，影响企业长远发展。利润指标通常按年计算，因此，企业决策往往会服务于年度指标的完成或实现。

利润最大化的另一种表现方式是每股收益最大化。每股收益最大化的观点认为，应当把企业的利润和股东投入的资本联系起来考察，用每股收益来反映企业的财务目标。

除了反映创造利润与投入资本之间的关系外，每股收益最大化与利润最大化目标的缺点基本相同。但如果假设风险相同、每股收益时间相同，每股收益最大化也是衡量公司业绩的一个重要指标。事实上，许多投资人把每股收益作为评价公司业绩的重要指标之一。

（二）股东财富最大化

股东财富最大化，是指企业财务管理以实现股东财富最大为目标。在上市公司，股东财富由其拥有的股票数量和股价两个因素决定。在股票数量一定时，股价达到最高，股东财富也就达到最大。

与利润最大化相比，股东财富最大化的优点主要包括以下三个：①考虑了风险因素，因为通常股价会对风险做出较敏感的反应。②能在一定程度上避免企业的短期行为，因为不仅目标利润会影响股价，未来利润也会对股价产生重要影响。③对上市公司而言，股东财富最大化目标比较容易量化，便于考核和奖惩。

以股东财富最大化作为财务管理目标也存在以下三个缺点：①通常只适用于上市公司，而不适用于非上市公司，因为非上市公司无法像上市公司那样随时准确获得公司股价。②股价受众多因素影响，特别是企业外部的因素，有些还可能是非正常因素。股价不能完全准确反映企业财务管理状况，如有的上市公司处于破产的边缘，但由于可能存在某些机会，其股票市价可能还在走高。③更强调股东利益，而对其他相关者的利益重视不够。

（三）企业价值最大化

企业价值最大化，是指企业财务管理行为以实现企业的价值最大为目标。企业价值可以理解为企业所有者权益和债权人权益的市场价值，或者企业所能创造的预计未来现金流量的现值。“未来现金流量”这一概念，包含资金的时间价值和风险价值两方面内容。未来现金流量的预测具有不确定性，而现金流量的现值是以资金的时间价值为基础对现金流量进行折现计算得出的。

企业价值最大化目标要求企业通过采用最优的财务决策，充分考虑资金的时间价值和风险价值，在保证企业长期稳定发展的基础上使企业总价值达到最大。

以企业价值最大化作为财务管理目标，具有以下四个优点：①考虑了取得报酬的时间，并运用时间价值的原理进行计量；②考虑了风险与报酬的关系；③将企业长期、稳定的发展和持续的获利能力放在首位，能克服企业在追求利润上的短期行为；④用价值代替价格，克服了过多外界市场因素的干扰，有效地规避了企业的短期行为。

但是，以企业价值最大化作为财务管理目标过于理论化，不易操作。再者，对非上市公司而言，只有对企业进行专门的评估才能确定其价值，而在评估企业的资产时，由于受评估标准和评估方式的影响，很难做到客观和准确。

（四）相关者利益最大化

在现代企业表现为多边契约关系总和的前提下，要确立科学的财务管理目标，需要考虑哪些利益关系会对企业发展产生影响。在市场经济中，企业的理财主体更加细化和多元化。股东作为企业所有者，在企业中拥有最高的权力，并承担着最大的义务和风险，但是债权人、员工、企业经营者、客户、供应商和政府也为企业承担着风险。因此，企业的利益相关者不仅包括股东，还包括债权人、企业经营者、客户、供应商、员工、政府等。在确定企业财务管理目标时，不能忽视这些利益相关群体的利益。

相关者利益最大化目标具体包括以下八个方面的内容：①强调风险与报酬的均衡，将风险限制在企业可以承受的范围内；②强调股东的首要地位，以及企业与股东之间的协调关系；③强调对代理人即企业经营者的监督和控制，建立了有效的激励机制，有利于企业战略目标的顺利实施；④关心本企业普通职工的利益，创造优美和谐的工作环境，提供合理恰当的福利待遇；⑤不断加强与债权人的关系，培养可靠的资金供应者；⑥关心客户的长期利益，以便保持销售收入的长期稳定增长；⑦加强与供应商的协作，共同面对市场竞争，并注重企业形象的宣传，遵守承诺，讲究信誉；⑧保持与政府部门的良好关系。

以相关者利益最大化作为财务管理目标，具有以下三个优点：①有利于企业长期稳定发展。在这一目标下，企业在发展过程中会更多考虑并满足各利益相关者的利益。在追求长期稳定发展的过程中，站在企业的角度进行财务决策，有利于避免只站在股东的角度进行决策可能导致的一系列问题。②体现了合作共赢的价值观念，有利于实现企业经济效益和社会效益的统一。由于兼顾了企业、股东、政府、客户等的利益，企业不仅仅是一个单纯的谋利组织，还承担了一定的社会责任。企业在寻求自身发展和利益最大化的过程中，由于需要维护客户及其他利益相关者的利益，会依法经营，依法管理，正确处理各种财务关系，自觉维护和切实保障国家、集体与社会公众的合法利益。③这一目标本身是一个多元化、多层次的目标体系，较好地兼顾了各利益主体的利益，可使企业各利益主体相互作用、相互协调，并在使企业利益、股东利益达到最大化的同时，保证每个利益主体所得的“蛋糕”更多。

但是，相关者利益最大化的目标过于理想化，往往很难实现。

综上所述，财务管理目标应以股东财富最大化为核心和基础，兼顾利益相关者的利益。各国公司法都规定，股东利益是剩余权益，只有满足了其他方面的利益之后，才能考虑股东的利益。企业必须交税、给员工发工资、给顾客提供他们满意的产品和服务，然后才能获得税后收益。可见，其他利益相关者的要求先于股东被满足。因此，在强调公司承担应尽的社会责任的前提下，应当允许以股东财富最大化为目标。

课后习题

一、名词解释

会计　权责发生制　收付实现制　资产　负债　所有者权益　收入　费用　利润　财务报告　财务管理

二、简答题

1. 会计具有哪些职能？
2. 简述会计的基本假设。
3. 会计信息质量要求包括哪些？
4. 会计要素包括哪些？
5. 会计等式包括哪些？
6. 财务报表包括哪些？
7. 简述财务报告的目标。
8. 简述企业的组织形式。
9. 企业财务管理的内容包括哪些？

三、论述题

试述企业财务管理的目标。

第五章

生态环境保护法律法规

第一节　环境保护与生态文明建设

一、环境与环境问题

（一）环境

我们生活中不可缺少的水、空气、树木等，共同构成了通常所说的环境。按照环境科学的定义，环境一般是指围绕着人群的空间，以及其中可以直接、间接影响人类生活和发展的各种自然因素的总体。

在法律上，环境的含义以环境的一般含义为基础，具有更加明确和特定的内容。国内外立法在定义环境时采用了不同的方法，有的进行高度概括，有的采取列举方式。一般来说，对环境的概念可从两个方面理解：一方面，环境法中的“环境”与环境科学中的“环境”概念一致，是指围绕人类而存在的由自然要素构成的物质环境，是为人类生存和发展提供必要条件的物质与空间，不包括其他任何非物质环境。另一方面，环境法中的“环境”与环境科学中的“环境”概念又不是等同的。作为环境法保护对象的环境，是通过与之联系的社会关系发挥作用的，必须体现法律调整社会关系的特点，因而现阶段环境科学中的各种环境要素并非都能成为法律的保护对象。例如，太阳、月亮等星球对人类生存的重要意义不言而喻，但由于人类很难直接到达并与之产生社会关系，法律上对这样的环境要素一般不予列入。

（二）环境问题

环境问题，是指由于人类活动和自然变化作用于周围环境引起的环境质量变化，以及这种变化对人类的生产、生活和健康造成的影响。严格来说，环境问题是人类始终要面对的问题。但 20 世纪 60 年代之后，环境质量逐步恶化并发展为严重的社会问题，引起国际社会越来越多的关注。根据环境问题产生的原因，可以将其分为第一环境问题和第二环境问题。前者通常是指因自然界自身变化而造成的环境污染和环境破坏，如地震、海啸等。对于这类问题，人类无法控制，只能采取规避措施，以尽可能减少或者避免危害后果的发生。后者主要是人类活动引起的，可以通过对人类活动的调整减少或者避免其发生，同时可以采取有效手段加以治理，是环境法主要研究的内容，如空气污染、填湖造地、猎杀野生动物等。

二、环境保护与生态文明建设

（一）环境保护

环境保护是人类针对环境问题提出的积极对策。环境保护，是指为保证自然资源的合理开发利用、防止环境污染和自然环境破坏，以协调社会经济发展与环境的关系、保障人类生存和发展为目的而采取的行政、经济、法律、科学技术以及宣传教育等诸多措施和行动的总称。

1972 年，联合国人类环境会议上首次提出“环境保护”的概念。会议发表的《人类环境宣言》明确指出：环境问题是全球问题，更主要的是社会经济问题。从此，环境保护有了较为明确的定义，“环境保护”这一术语也被广泛接受，环境保护工作也越来越受到各国的重视。1992 年的联合国环境与发展大会提出的“可持续发展”，进一步丰富了环境保护的内涵，标志着人类对环境保护的认识有了新的发展。

最近几十年，世界各国针对本国的环境问题，采取了一系列重大保护措施，如建立环境管理机构、加强环境保护的科学研究、制定法律法规等。环境保护工作主要包括两个方面：一是保护环境和改善环境质量，保护人体健康，防止人类在环境的不良影响下产生变异和退化；二是合理利用自然资源，减少或消除有害物质进入环境，同时保护自然资源的恢复和扩大再生产，以利于人类生命的延续。经过几十年的努力，各国的环境保护工作取得了不同程度的进展，环境质量有所改善，但从整体上看，消除污染、改善环境质量的程度距人类所期望的环境目标还很远。环境保护是一个十分复杂的问题，需要我们不懈努力。

（二）生态文明建设

面对严峻的环境资源瓶颈，中国共产党提出了建设生态文明的新主张。“生态文明”最早出现在党的十六大报告中，作为全面建设小康社会的奋斗目标之一被提出。党的十六届五中全会将其纳入建设“资源节约型社会”和“环境友好型社会”目标。党的十七大报告将生态文明建设作为全面建设小康社会的新要求，提出“建设生态文明，基本形成节约能源资源和保护生态环境的产业结构、增长方式、消费模式”。这些表述显然是同时考虑环境保护和经济发展后得出的结论，但依然将生态文明作为工业文明的一部分，本质上依然是在“发展优先”理念下认识环境与发展的关系。党的十八大报告明确提出：“必须树立尊重自然、顺应自然、保护自然的生态文明理念，把生态文明建设放在突出地位，融入经济建设、政治建设、文化建设、社会建设各方面和全过程，努力建设美丽中国，实现中华民族永续发展。”这是我国第一次把生态文明建设提升为治国理政的总体部署，形成国家发展的“五位一体”总体布局。这不仅坚持了将环境与发展统筹考虑，而且更加强调生态文明建设对经济社会发展的引领作用，标志着对环境与发展关系的认识达到了新的高度。

党的十八届五中全会提出：“坚持绿色发展，必须坚持节约资源和保护环境的基本国策，坚持可持续发展，坚定走生产发展、生活富裕、生态良好的文明发展道路，加快建设资源节约型、环境友好型社会，形成人与自然和谐发展现代化建设新格局，推进美丽中国建设，为全球生态安全作出新贡献。”《中华人民共和国国民经济和社会发展第十三个五年规划纲要》将“建设生态文明”作为十个任务目标之一，这是首度将生态文明建设写入五年规划。

当今中国，正处于发展社会主义市场经济、全面建设社会主义现代化国家的关键时期，面临着文明转型的巨大机遇与挑战。实现中华民族伟大复兴，要完成文明转型，生态文明建设则是这个转型中必须完成的任务。

第二节　中国环境法概述

一、中国环境法的产生和发展

（一）中国环境法的产生

从中华人民共和国成立到 20 世纪 70 年代，是我国环境法的产生时期。这一时期，环境立法主要集中在对自然资源的保护上，如《矿产资源保护试行条例》（已失效）等。而在污染防治方面，也有如《防止沿海水域污染暂行规定》等法律出现。1973 年 8 月，国务院颁布《关于保护和改善环境的若干规定（试行草案）》，是我国环境保护领域的第一部综合性法规。同年，我国召开了第一次全国环境保护会议，但在当时的历史条件下，环境立法并没有获得应有的发展。

（二）中国环境法的发展

改革开放以后，我国环境法进入快速发展时期。我国于 1979 年颁布了《中华人民共和国环境保护法（试行）》，并于 1989 年制定了《中华人民共和国环境保护法》。环境专门法陆续出台，形成了相对完善的污染防治与资源保护法体系。在污染防治方面，有《中华人民共和国水污染防治法》《中华人民共和国大气污染防治法》《中华人民共和国海洋环境保护法》《中华人民共和国固体废物污染环境防治法》《中华人民共和国噪声污染防治法》《中华人民共和国放射性污染防治法》等。在自然资源保护方面，有《中华人民共和国水土保持法》《中华人民共和国水法》《中华人民共和国森林法》《中华人民共和国草原法》《中华人民共和国渔业法》《中华人民共和国矿产资源法》《中华人民共和国野生动物保护法》《中华人民共和国煤炭法》《中华人民共和国防沙治沙法》《中华人民共和国可再生能源法》等。在环境管理方面，我国出台了《中华人民共和国环境影响评价法》《中华人民共和国清洁生产促进法》等法律和一系列法规，制定了《大气环境质量标准》等环境标准。2014 年，我国出台了新修订的《中华人民共和国环境保护法》，并于 2015 年 1 月 1 日起施行。此外，配套性、补充性的环境行政法规、地方法规和规章大量出现，环境法律制度的可操作性逐步增强。

二、中国环境法律体系

近年来，我国环境法律建设的步伐不断加快，一系列与之配套的法律、法规纷纷面世，使环境法成为我国法律体系中发展最迅速的部门法之一。我国环境法体系的特点是：重实体规定、程序规范相对欠缺，部门立法较丰富而地方和区域立法相对不足，不同部门和层次的环境立法整合性与体系化有待提高，一些空白领域亟待填补。目前，我国环境法律体系大致由以下三个部分组成。

（一）宪法性规定

《宪法》中关于环境保护的规定是环境法律体系的基础，也是各种环境法律、法规、制度的立法依据。2018 年 3 月 11 日，第十三届全国人民代表大会在《宪法》序言中提出，“推动物质文明、政治文明、精神文明、社会文明、生态文明协调发展，把我国建设成为富强民主文明和谐美丽的社会主义现代化强国，实现中华民族伟大复兴”。保护环境和维护生态平衡是国家的一项基本职责。

《宪法》第五十一条规定：“中华人民共和国公民在行使自由和权利的时候，不得损害国家的、社会的、集体的利益和其他公民的合法的自由和权利。”这一规定既是公民主张环境权的基础，也是防止滥用个人权利造成环境污染和破坏的基本环境义务规范。

（二）综合性环境基本法

2014 年 4 月 24 日，第十二届全国人民代表大会常务委员会第八次会议通过了《中华人民共和国环境保护法》修订案。新修订的《中华人民共和国环境保护法》在总则中强化了环境保护的战略地位，将环境保护融入经济社会发展——增加规定保护环境是国家的基本国策，并明确环境保护坚持保护优先、预防为主、综合治理、公众参与、损害担责的原则。它是我国环境保护的综合性的基本法，其中规定了环境法的基本任务是保护和改善环境，防治污染和其他公害，保障公众健康，推进生态文明建设，促进经济社会可持续发展。环境保护的对象是影响人类生存和发展的各种天然的和经过人工改造的自然因素的总体，包括大气、水、海洋、土地、矿藏、森林、草原、湿地、野生生物、自然遗迹、人文遗迹、自然保护区、风景名胜区、城市和乡村等。该法还规定了保护自然环境、防治环境污染的基本要求和相应的法律义务，环境管理机构对环境监督管理的权限、任务，以及单位和个人保护环境的义务与法律责任。

（三）环境保护单行法

环境保护单行法是以《宪法》和环境保护基本法为依据，针对特定的保护对象、特定的污染防治对象或就环境保护的特定方面由全国人大常委会制定通过的单项法律。它包括综合管理性的环境保护单行法、污染防治单行法、自然资源保护单行法。综合管理性的环境保护单行法包括《中华人民共和国环境影响评价法》《中华人民共和国清洁生产促进法》《中华人民共和国循环经济促进法》《环境保护税法》等。这些法律不是为了保护某一环境要素或者资源，而是适用于多种环境要素和自然资源保护的环境影响评价制度、清洁生产制度和循环经济制度。污染防治单行法是传统环境保护法中最重要的规范，在单行法中数量也最多，主要包括《中华人民共和国海洋环境保护法》《中华人民共和国水污染防治法》《中华人民共和国大气污染防治法》《中华人民共和国噪声污染防治法》《中华人民共和国固体废物污染环境防治法》《中华人民共和国土壤污染防治法》等。自然资源保护单行法是规范自然资源利用、管理和防止对自然资源进行污染与破坏的法律规范，主要包括《中华人民共和国水法》《中华人民共和国土地管理法》《中华人民共和国渔业法》《中华人民共和国矿产资源法》《中华人民共和国森林法》《中华人民共和国草原法》《中华人民共和国水土保持法》《中华人民共和国野生动物保护法》等。

三、环境法的基本原则

环境法的基本原则，是指我国环境法中规定或体现的，调整因保护和改善环境而产生的社会关系的基本准则，它以实现可持续发展为目标，适用于所有环境保护法律法规，贯穿整个环境法体系，反映环境法的本质和特征，对贯彻和实施环境法具有普遍的指导作用。环境法的基本原则要符合以下要求：①必须在环境法律法规中有所体现，反映环境法的本质与特征，以环境可持续发展为目标；②必须全面贯彻于环境法律规范的始终，弥补具体法律规范对环境法律关系调整的不足；③是环境保护的方针政策在法律上的体现，是贯穿整个环境法的具有普遍意义的指导性规范；④是在一定时期内根据环境问题的特点以及对环境问题的认识形成的，不同国家基于国情和法律制度的不同，对基本原则也各有取舍和侧重。2014 年修订的《中华人民共和国环境保护法》（简称“2014 年新环保法”）第五条规定了我国环境保护的五项基本原则：保护优先原则、预防为主原则、综合治理原则、公众参与原则、损害担责原则。

（一）保护优先原则

保护优先原则，狭义上是指，在环境保护管理活动中应当把环境保护放在优先的位置加以考虑，在环境利益和其他利益发生冲突的情况下，应当优先考虑环境利益，做出有利于环境保护的决定；广义上是指，国家按照环境保护基本国策的要求和经济社会发展与环境保护相协调的要求，在处理经济社会发展与生态和环境保护的关系时，要把生态和环境保护放在较优先的位置予以考虑。

这项原则表明，在环境资源保护与经济社会发展这对矛盾中，前者已成为主要方面，即瓶颈性问题。对于自然资源，资源保护相对于开发利用具有优先性。我国以往的环境资源保护法基本遵循开发利用优先的理念和原则，无法满足经济社会可持续发展的要求。当保护和开发利用发生冲突时，要按照法律的规定，优先考虑环境和自然资源保护。当环境保护与经济建设发生冲突时，要优先保护环境，经济建设要满足环境保护的需要。

（二）预防为主原则

预防为主原则，是指国家在环境保护工作中采取各种预防措施，防止环境问题的产生和恶化，或者把环境污染和破坏控制在能够维持生态平衡，保护人体健康和社会物质财富及保障经济社会持续发展的限度之内，并对已造成的环境污染和破坏进行积极治理。

这项原则是现代环境保护的灵魂。传统的环境保护仅限于对环境污染和破坏造成的后果进行事后消极补救，对环境问题的预防功能有限，而环境一旦遭受污染和破坏，要消除其危害往往比较困难，有些后果甚至无法补救。预防为主原则是对传统环境保护法律规范的重新解构，体现为积极的防治。传统环境法的核心是危害排除，即强调对权益的保护，在风险占据理论制高点之后，风险排除和预防应成为环境法的核心，兼顾危害排除。预防为主是针对当代环境问题的特点，结合国内外防治环境污染和环境破坏的经验教训提出的。西方工业国家在经济发展过程中大多走了一条“先污染后治理”的道路，虽然也制定了一些法律，但大多仅针对某一环境要素做出了保护规定，而未将环境作为一个整体来对待。到20世纪60年代，随着环境危机的频繁发生，人们开始意识到环境预防的重要性与迫切性，提出了“与其在环境问题出现后治理，不如在未出现前就预防”的观点。

（三）综合治理原则

综合治理原则，是指法律规定一切单位和个人都有保护环境的义务，并通过行政的、市场的和自治的等各种机制与手段，积极有效地治理环境问题。它是协商民主与公共治理理念在环境保护中的体现。

这项原则体现了现代环境保护与民主法治相结合的客观要求。早期环境保护往往是单纯的政府行政管理行为，企业是管理的对象而非治理的主体，公众对环境保护仅限于污染受害者角度的关注，治理手段主要局限于行政管理和对个别案件的司法审判。这种机制远远不能满足环境保护工作的实际需要，更不利于对环境污染和生态破坏进行有效遏制。此外，环境治理是国家治理能力的重要组成部分，提高国家治理能力客观上要求把民主法治更多地引入环境保护工作当中。

（四）公众参与原则

公众参与原则，也称“依靠群众保护环境原则”“环境民主原则”，是指生态环境的保护与自然资源的开发利用必须依靠公众的广泛参与，环境法通过各种法定的形式和途径确立公众在参与环境管理与保护中的资格，鼓励公众积极参与环境保护事业，保护他们对污染环境和破坏环境的行为依法进行监督的权利。

公众参与原则是保障环境正义、提高环境效益的具体要求。长期以来，我国环境法的产生和发展具有行政主导的特点，公众参与的深度和广度十分有限。党的十五大报告提出建设社会主义法治国家的目标，公民的各项民主权利不断提升，公众参与原则在理论和实践方面都得到迅速发展。我国目前实施公众参与的主要任务是提高和强化全民族的环境意识与环境法治观念，树立保护和改善环境的良好社会风气。环境保护是一项公益性事业，不仅关系人民群众的切身利益，影响每个人的生活和健康，而且影响社会经济的发展。只有通过宣传教育，使广大群众认识到环境保护的重要性，才能在全社会树立起“保护环境、人人有责”的风尚，把保护环境变成全体公民的自觉行动。

（五）损害担责原则

损害担责原则，是指任何对环境和生态造成损害的单位与个人，都必须依法承担相应的法律后果。这是指 2014 年新环保法第六十四条规定的情形：“因污染环境和破坏生态造成损害的，应当依照《中华人民共和国侵权责任法》的有关规定承担侵权责任。”这里的“责任”即民事损害责任，也包括违反环境法律义务、直接或间接造成环境和生态损害后果所应承担的法律责任，即 2014 年新环保法第六条规定的情形：“一切单位和个人都有保护环境的义务。地方各级人民政府应当对本行政区域的环境质量负责。企业事业单位和其他生产经营者应当防止、减少环境污染和生态破坏，对所造成的损害依法承担责任。公民应当增强环境保护意识，采取低碳、节俭的生活方式，自觉履行环境保护义务。”造成环境损害应承担的责任不仅是民事责任，还包括刑事责任和行政责任。

这项原则充分体现了环境保护必须遵循的环境公平正义法则，有助于消除环境成本外部化或所谓的外部不经济性，寻求利益与责任相一致的实质公平，是环境法重要法理学依据民法原则的延伸。

四、环境法的主要制度

环境法的主要制度，是指根据环境法的基本原则，由调整特定环境社会关系的一系列环境法律规范形成的相对完整的实施规则系统。环境法主要制度的系统性对于环境法制的健全与完善具有重要的促进作用。根据 2014 年新环保法的规定，环境法的主要制度包括：环境影响评价与“三同时”（同时设计、同时施工、同时投产使用）制度、环境行政许可制度、环境标准制度、清洁生产与循环经济制度、环境税费制度、环境事故报告制度、源头和特定区域保护制度。

（一）环境影响评价与“三同时”制度

环境影响评价，也称“环境质量预断评价”“环境质量评估”。《中华人民共和国环境影响评价法》第二条规定：“本法所称环境影响评价，是指对规划和建设项目实施后可能造成的环境影响进行分析、预测和评估，提出预防或者减轻不良环境影响的对策和措施，进行跟踪监测的方法与制度。”环境影响评价制度是有关环境影响评价的范围、内容、程序、法律后果等事项的法律规则系统。这项制度与“三同时”制度一起，在环境法律关系的调整中处于初始阶段，充分体现了预防为主原则。

1979年颁布的《中华人民共和国环境保护法（试行）》首次建立了环境影响评价制度；之后，1982年颁布的《中华人民共和国海洋环境保护法》（2023年修订）、1984年颁布的《中华人民共和国水污染防治法》（2017年修正）、1987年颁布的《中华人民共和国大气污染防治法》（2018年修正）、1988年颁布的《中华人民共和国水法》（2016年修正）、1988年颁布的《中华人民共和国野生动物保护法》（2022年修订）、1996年颁布的《中华人民共和国环境噪声污染防治法》（已失效）、1998年国务院审议通过的《建设项目环境保护管理条例》（2007年修订）等专项立法，都对环境影响评价制度进行了具体规定。2002年10月28日第九届全国人民代表大会常务委员会第三十次会议通过，2003年9月1日起施行，分别于2016年7月2日、2018年12月29日修正的《中华人民共和国环境影响评价法》，是我国对环境影响评价制度的内容和程序专门制定的重要法律，标志着这项制度在我国日臻成熟。

“三同时”制度，是指一切可能对环境有影响的建设项目，其环境保护设施必须与主体工程同时设计、同时施工、同时投产使用。这项制度在环境法律关系调整的时间顺序中仅次于环境影响评价制度，而先于其他制度。2014年新环保法第四十一条规定，“建设项目中防治污染的设施，应当与主体工程同时设计、同时施工、同时投产使用。防治污染的设施应当符合经批准的环境影响评价文件的要求，不得擅自拆除或者闲置”。

“三同时”制度为我国独创，是控制新污染源的产生、实现预防为主原则的重要途径。“三同时”的提法最早出现于1973年经国务院批准的作为环境管理的行政规定的《关于保护和改善环境的若干规定（试行草案）》中，1979年试行的《中华人民共和国环境保护法》将其确定为环境法的一项主要制度，此后的各种环境保护法律、法规也都体现了这项制度的要求。

（二）环境行政许可制度

环境行政许可制度，是指环保行政机关对从事可能造成环境不良影响活动的开发、建设或经营者提出的申请，经依法审查，通过颁发许可证、执照等形式，赋予或者确认该申请方从事该种活动的法律资格或法律权利的一系列法律制度。

环境行政许可制度是保障国家环保机关有效、合法实施环境保护监督管理职能的重要手段，也是行政管理相对人获得相关权利的法定方式和确认相关义务的重要法律文件，有利于对开发利用环境的各种活动进行事先审查，也有利于对这类活动进行事中控制和事后救济。因此，在许多国家，环境行政许可制度被视为环境法的支柱性法律制度。

环境行政许可制度是我国环境法的一项基础性法律制度。目前，我国已建立较为齐全的环境保护法律、行政法规及规章制度，这为环境保护行政许可实施体系的建立奠定了坚实基础。2004 年 7 月 1 日开始施行的《中华人民共和国行政许可法》（2019 年修正），也是规范我国环境许可制度的重要法律依据，从环境行政许可的设定、实施以及监督与责任等环节对行政许可进行了全面规范。根据《中华人民共和国行政许可法》和《中华人民共和国环境影响评价法》等法律、法规，我国生态环境主管部门先后制定了《环境保护行政许可听证暂行办法》《放射性同位素与射线装置安全许可管理办法》等部门规章。

（三）环境标准制度

环境标准制度是国家为了保护公众健康、防治环境污染、保证生态安全、合理利用能源和自然资源，依据环境法律和政策制定的、用以规范有关环境的活动和结果的准则。从广义上说，环境标准包括专业和行业组织制定的自治性环境管理标准。

环境标准制度是对环境要素所做的统一的、法定的和技术的规定，是环境保护的基础性工作和手段。一方面，它为环境保护工作和有关工作提供指引，是制定环境保护规定和计划的重要依据；另一方面，它是考核环境保护和污染防治效果的依据。

环境标准制度是按照严格的科学方法和程序制定的。环境标准制度的制定要参考国家和地区在一定时期的自然环境特征、科学技术水平和社会经济发展状况。环境标准制度过于严格，不符合实际，将会限制社会和经济的发展；过于宽松，又不能达到保护环境的目的，同时会造成人体危害和生态破坏。环境标准制度具有法律效力，也是进行环境规划、环境管理、环境评价和城市建设的依据。

（四）清洁生产与循环经济制度

2014 年新环保法第四十条规定：“国家促进清洁生产和资源循环利用。”联合国环境规划署（UNEP）在 1989 年把“清洁生产”定义为：将综合预防的环境策略持续地应用于生产过程和产品中，以便减少对人类和环境的风险。《中国 21 世纪议程》将“清洁生产”定义为：既可满足人们的需要又可合理使用自然资源和能源，并保护环境的实用生产方法和措施。

自 1993 年第二次全国工业污染防治工作会议正式提出积极推行清洁生产以来，我国先后颁布或修改的《中华人民共和国大气污染防治法》《中华人民共和国水污染防治法》《中华人民共和国固体废物污染环境防治法》《淮河流域水污染防治暂行条例》等法律、法规中都增加了有关清洁生产的法律规定。至此，清洁生产成为我国环境保护法的一项新的基本制度。

2002 年 6 月 29 日，第九届全国人民代表大会常务委员会第二十八次会议通过了《中华人民共和国清洁生产促进法》并予以公布，自 2003 年 1 月 1 日起施行。这是我国第一部以推行清洁生产为目的的法律，其出台标志着我国污染预防和控制战略步入法治正轨，为实现经济效益与环境效益的双赢提供了切实有力的法律保障，使我国清洁生产的实施有了基本的法律依据。该法于 2012 年修正，强化了政府推进清洁生产的职责，扩大了企业实施法治性清洁生产的审核范围，明确规定建立清洁生产财政支持资金，强化了清洁生产审核的法律责任，强化了政府和社会的监督作用。

循环经济与清洁生产紧密联系、互为支撑。清洁生产要求在产品生产的整个周期贯彻污染预防原则，从生产源头减少资源耗费，注重开发资源的循环利用，遏制污染产生，从而达到经济效益与环境效益的双赢。循环经济崇尚环境友好，主张在生产和消费过程中，以最小的自然资源投入获得最充分的产品产出，同时将排放的环境废物尽可能降到最低，以避免对环境造成危害。循环经济提供了一种理想的经济发展模式，在保护环境与发展经济之间找到了平衡点。

（五）环境税费制度

环境税费制度，是指国家税收机关和环境管理机关根据法律规定，对排放污染物者征收一定税费的法律制度。环境税费制度包括排污收费制度和环境税制度。

1. 排污收费制度

环境税费制度源于环境收费制度。2014 年新环保法第四十三条规定："排放污染物的企业事业单位和其他生产经营者，应当按照国家有关规定缴纳排污费。排污费应当全部专项用于环境污染防治，任何单位和个人不得截留、挤占或者挪作他用。依照法律规定征收环境保护税的，不再征收排污费。"

排污收费制度是运用经济手段保护环境的一项法律制度。自 20 世纪初在德国产生以来，排污收费制度已为世界各国普遍采用，70 年代初期被经济合作与发展组织环境委员会确定为污染者负担原则，在世界各国特别是发达国家得到了不同程度但较为广泛的运用。这项制度能为进一步消除污染以及技术进步提供持续不断的动力并刺激创新，因而更加有利于预防性环境政策和可持续发展的实现。征收排污费是最重要的经济手段，体现了损害负担原则。排污收费的范围、标准、方法、使用等具体规定，各国不尽一致。美国、日本、英国和德国的通行做法是，排污费主要应用于污水和噪声的控制，排污超标违法的要加重收费。此外，美国对固体废弃物征收排污费，日本对大气污染物征收排污费。

排污收费制度属于国家强制性征收，征收的排污费纳入国家财政预算，作为环境保护专项资金使用。这项制度的意义在于：首先，体现了利用经济杠杆调节经济发展与环境保护关系的理念，将环境保护与排污者的经济利益直接联系起来，从根本上改变了“污染有理，治理吃亏”的旧观念；其次，有利于促使排污者进行技术改造，开展综合利用，促进了对污染源的治理；最后，为治理污染开辟了一条重要的资金渠道，增强了治理污染的能力，有利于加强环境监督管理机构自身建设，提高各级生态环境主管部门和环境监测部门的业务能力。

2. 环境税制度

环境税，是国家通过税收把环境污染和生态破坏的社会成本内化到生产成本和市场价格中去，再通过市场机制来分配环境资源的一种经济手段。随着可持续发展理论得到国际社会日益广泛的认同，环境保护问题备受各国政府的重视。税收作为政府调节社会经济活动的一种重要工具和手段，在保护环境方面发挥着越来越重要的作用。

我国长期实行的排污收费制度，虽然在防治环境污染方面发挥了重要作用，但与税收制度相比，存在执法刚性不足、地方支付与部门干预等问题，因而有必要进行环境保护费改税。2016 年 12 月 25 日，第十二届全国人民代表大会常务委员会第二十五次会议通过《环境保护税法》，自 2018 年 1 月 1 日起施行，并于 2018 年 10 月 26 日修正。2017 年 12 月 25 日，国务院公布了《中华人民共和国环境保护税法实施条例》，自 2018 年 1 月 1 日起施行。自此，我国实现了排污费支付向环境保护税制度的平稳转移。

环境税法根据现行排污费项目设置税目，将排污费的缴纳人作为环境保护税的纳税人，将应税污染物排放量作为计税依据，将现行排污费收费标准作为环境保护税的税额下限。考虑到各地情况差异较大，允许地方以“环境保护税目税额表”规定的税额标准为基础，上浮应税污染物的适用税额。建立了环境保护税征管协作机制：环境保护费改税后，征收部门由生态环境部门改为税务部门，同时其征收又离不开生态环境部门的配合。《环境保护税法》对征管分工协作机制做了规定。环境税收的社会经济意义在于，拓宽了税收的调节领域，不仅在保护人类生存环境方面发挥了重要作用，而且充分体现了税收的公平和效率原则。

环境保护税的纳税人为在中华人民共和国领域和中华人民共和国管辖的其他海域，直接向环境排放应税污染物的企业事业单位和其他生产经营者（参见《环境保护税法》第二条）。企业事业单位和其他生产经营者向依法设立的污水集中处理、生活垃圾集中处理场所排放应税污染物的，不属于直接向环境排放污染物，不缴纳相应污染物的环境保护税；在符合国家和地方环境保护标准的设施、场所贮存或者处置固体废物的，不缴纳固体废物的环境保护税（参见《环境保护税法》第四条）。

环境保护税的征收对象为大气污染物、水污染物、固体废物和噪声四类。具体税目、税额依照《环境保护税法》所附《环境保护税税目税额表》执行。自《环境保护税法》实施之日起，依照该法规定征收环境保护税，不再征收排污费。

与现行排污费制度对大气污染物、水污染物的征收范围衔接，环境税法规定，每一排放口或者没有排放口的应税大气污染物，按照污染物当量数从大到小排序，对前 3 项污染物征收环境保护税。每一排放口的应税污染物，按照《环境保护税法》所附《应税污染物和当量值表》，区分第一类水污染物和其他类水污染物，按照污染当量数从大到小排序，对第一类水污染物按照前 5 项、对其他类水污染物按照前 3 项征收环境保护税。同时，省、自治区、直辖市人民政府根据本地区污染物减排的特殊需求，可以增加同一排放口征收环境保护税的应税污染物项目数，报同级人大常委会决定，并报全国人大常委会和国务院备案。每种应税大气污染物、水污染物的具体污染当量值，依照该法所附《应税污染物和当量值表》执行。

（六）环境污染防治法

防治环境污染是保护环境的重要内容，也是环境立法的重要任务。环境污染防治法是以防治环境污染为立法对象的一类法律法规，以对各类环境污染的防治为内容，在形式上表现为环境保护基本法的单行法规和配套法规，既是对基本法防治环境污染的原则性规定的具体化，又是对环境污染防治的综合性规定。

我国环境污染防治立法是环境法中发展较早和较快的领域。早在 20 世纪 70 年代初，就已颁布了一系列污染物排放标准，随后又颁布了有关排污收费及各环境污染防治的法律法规。迄今，我国已经颁布的专门的环境污染防治单行法律法规有《中华人民共和国环境保护法》（1989 年通过，2014 年修订）、《中华人民共和国大气污染防治法》（1987 年通过，2018 年修正）、《中华人民共和国水污染防治法》（1984 年通过，1996 年、2018 年修正）、《中华人民共和国海洋环境保护法》（1982 年通过，2023 年修订）、《中华人民共和国噪声污染防治法》（2021 年通过）、《中华人民共和国固体废物污染环境防治法》（1995 年通过，2020 年修订）等。

1. 大气污染防治法

《中华人民共和国大气污染防治法》是为保护和改善环境、防治大气污染、保障公众健康、推进生态文明建设、促进经济社会可持续发展制定的法律，由第六届全国人民代表大会常务委员会第二十二次会议于 1987 年 9 月 5 日通过，自 1988 年 6 月 1 日起施行。现行版本为 2018 年 10 月 26 日第十三届全国人民代表大会常务委员会第六次会议第二次修正，当日施行。

2. 水污染防治法

《中华人民共和国水污染防治法》是指国家为防治水环境的污染而制定的各项法律法规及有关法律规范的总称。该法进行了三次修改：①1996 年 5 月 15 日第八届全国人民代表大会常务委员会第十九次会议通过了《关于修改〈中华人民共和国水污染防治法〉的决定》，并于当日公布施行；②2008 年 2 月 28 日第十届全国人民代表大会常务委员会第三十二次会议表决通过了修订后的《中华人民共和国水污染防治法》，并于 2008 年 6 月 1 日起施行；③现行版本是 2017 年 6 月 27 日第十二届全国人民代表大会常务委员会第二十八次会议修正的，自 2018 年 1 月 1 日起施行。

3. 固体废物污染环境防治法

《中华人民共和国固体废物污染环境防治法》是为了保护和改善生态环境、防治固体废物污染环境、保障公众健康、维护生态安全、推进生态文明建设、促进经济社会可持续发展制定的法律。该法由第八届全国人民代表大会常务委员会第十六次会议于1995年10月30日通过，自1996年4月1日起施行。最新版本是第十三届全国人民代表大会常务委员会第十七次会议于2020年4月29日修订的，自2020年9月1日起施行。

4. 噪声污染防治法

《中华人民共和国噪声污染防治法》是为了防治噪声污染、保障公众健康、保护和改善生活环境、维护社会和谐、推进生态文明建设、促进经济社会可持续发展制定的法律。2021年12月24日，该法由第十三届全国人民代表大会常务委员会第三十二次会议通过，自2022年6月5日起施行。

第三节　环境违法的民事责任与刑事责任

一、环境民事责任

环境民事责任，是指环境法律关系主体依照民法规定的法律责任形式承担的法律后果。环境侵权，是指污染或破坏环境，从而侵害他人环境权益或财产、人身权益的行为。我国环境民事责任的归责原则是过错责任与无过错责任并立的二元化归责体系。过错责任，是指加害人对其有过错的行为承担的民事责任，无过错即无责任。客观过错论，是指以某种行为标准而非行为人的特殊心理活动来判定行为人有无过错。过错推定，是指若原告能证明其所受损害是由被告所致，而被告不能证明自己没有过错，法律上就应推定被告有过错并应负民事责任。无过错责任又称“无过失责任”，是指无论行为人有无过错，只要法律规定应当承担民事责任，行为人就应对其行为造成的损害承担责任。

环境民事责任的特殊性主要表现在无过错责任的两个构成要件（环境损害的事实和因果关系）上。环境侵权的免责事由，是指环境法规定的在因环境侵权致人损害时加害人可以不承担民事责任的事由。行政合法性不能作为环境侵权民事责任的免责事由。环境民事责任包括排除危害和赔偿损失两种。解决民事纠纷的途径主要包括自行协商、调解、仲裁和诉讼。

（一）环境侵权

1. 环境侵权的概念

环境侵权是指污染或破坏环境，从而侵害他人的人身、财产权益和环境享受等民事权益的行为。环境侵权是近现代社会经济发展过程中日益突出的现象，它与环境民事责任密切相关。

《中华人民共和国民法典》第三条规定：“民事主体的人身权利、财产权利以及其他合法权益受法律保护，任何组织或者个人不得侵犯。”在环境民事权益方面，尽管适用无过错原则，但不等于不考虑过错因素。事实上，各国环境法都严格区分过错、无过错和免责事由，一些国家更是对合法的环境民事权益范畴做出了严格限定，如日本在认定环境侵害行为的违法性上，有所谓忍受限度论，即只有当污染环境的行为引起了超过忍受限度的损害时，才排除行政法上的合法判定而被视为不能成为民法上的免责事由。

2. 环境侵权的特征

作为现代社会特有的权益侵害现象，同传统的民事侵权相比，环境侵权具有以下特征。

（1）主体方面的特征。首先，当事人地位事实上的不平等。传统侵权行为的当事人一般在地位上具有平等性，而环境侵权当事人中的加害人多是具有特殊经济地位和实力的工商企业，受害人则多为认知能力、防御能力和诉讼能力均较弱的分散的普通公众，二者在地位上存在很大差异。其次，环境侵权的受害主体不仅包括当代人，而且可能包括后代人，甚至当代人侵害的完全是后代人的环境权益。根据现代环境法代际公平的理论，这种侵权同样要承担民事责任。

（2）客体方面的特征。环境民事侵权侵害对象具有广泛性与复合性。首先，传统侵权行为一般是加害行为直接作用于个别受害人的人身或财产；环境侵权则要通过环境这一中介作用于人身或财物，其侵害对象包括他人的人身权（如生命健康权）、财产权以及环境权益（如生态环境本身的损害）。其次，由于环境具有整体性和共有性，环境侵权行为一旦造成具体的损害后果，就必然损害不特定的多数人的生命、健康、财产及其他权益，而且损害程度往往比传统侵权严重得多。

（3）内容方面的特征。首先，宏观上环境侵权行为具有价值双重性。传统的侵权行为，其行为本身在法律规范的价值判断上就是一种纯粹的无价值行为，即完全具有法律否定性的违法行为，如欠债不还、强占他人财物、伤害他人身体等；而环境侵权行为如排放“三废”污染环境，往往伴随合法的生产活动产生，而且可能在技术规范和行政管理规范上是合法的。其次，环境侵害具有持续性、潜在性和不明确性。传统侵权行为多为一次性侵害，损害一般也是一时的，而环境侵权常常具有持续性、反复性；传统侵权较容易被受害人发现，举证较容易，而环境侵权往往不能立即被受害者发现，举证比较困难。此外，环境法中有关权利义务的一些重大理论问题比一般民事权利义务复杂得多，且存在许多争议，如环境权问题等。

（二）民事责任的归责原则

侵权法的发展大体上经历了从同态复仇到结果责任，再逐渐发展为过错责任，并从单一过错责任归责原则向过错责任、无过错责任等多元化归责体系发展的过程。从我国环境保护立法的规定来看，我国环境民事责任的归责原则采用以无过错责任原则为一般适用、以过错责任原则为特殊补充的二元化归责体系。

1. 过错责任原则及其调整

过错责任原则源于罗马法，其基本含义是，加害人对自身有过错的行为承担民事责任，无过错则无责任。所谓过错，与传统刑事罪过的概念类似，是指行为人具有的一种应受非难的心理状态，包括故意和过失两种形态。因为它能促使个人活动不必动辄得咎，有利于企业开展活动和经济的活跃，这一原则被强调个人自由的资产阶级民法理论视为罗马法中最有价值的遗产继承和发扬，与“契约自由”“无限私有权”并列成为19世纪资产阶级民法的三大原则，对近代市场经济的发展起到了积极的推动作用。但是，随着社会经济的高度发展，包括环境公害在内的各种人为侵权造成的事故和灾害成为严重的社会问题，而这些侵权行为往往因加害主体复杂、因果关系不明和过错认定极其困难逐渐令过失责任原则黯然失色，于是客观过错论和过错推定论应运而生。客观过错论，是指以某种行为标准而非行为人的特殊心理活动来判定行为人有无过错，这种行为标准被形象地称为“良家父”或“善良管理人”应尽的合理注意义务，没有尽到这种义务即为过失。过错推定论，是指若原告能证明其所受损害是由被告所致，而被告不能证明自己没有过错，法律上就应推定被告有过错并应负民事责任，其基本适用方法是实行举证责任倒置。过错推定责任原则对受害人的保护更有利，但它仍然以过错作为确定责任的最终论据，依然不能摆脱过错责任的局限性。

2. 无过错责任原则在环境法中的适用

无过错责任又称“无过失责任”，德国法称为“危险责任”，英美法系国家称为“严格责任”，是指无论行为人有无过错，只要法律规定应当承担民事责任，行为人就应对其行为造成的损害承担责任。依无过错责任，受害人无须就加害人的过错举证，也不必推定加害人过错，加害人也不得以其没有过错为由进行抗辩。

无过错责任原则是为弥补过错责任的不足、解决工业化社会中的一系列新型侵权行为带来的挑战和难题而设立的新型民事责任原则。

无过错责任原则被各国环境法普遍采用的原因有三个：①现代工业生产的排污使生产活动本身具有高度危险性，即使企业采取各种安全措施，也不能完全消除使他人遭受污染损害的意外危险，且即使企业无过错，也可能造成环境污染及他人巨大的财产和人身损害；②现代工业生产及由此造成的污染往往涉及复杂的科学技术问题，作为普通公众的受害人难以了解污染的原因，更难以取得充足的证据，也就难以证实是排污者的故意或过失；③无过错责任原则是民法公平原则的客观要求，环境侵权中的加害人多是营利者，如果因加害人无过错或不能证明其有过错而使受害人得不到法律的保护，无异于图财害命。

我国法律对环境侵权适用过错责任原则和无过错责任原则分别做出规定：关于过错责任原则，主要适用于对生态环境资源的保护，如森林资源、土地资源、野生动植物资源等，以及自然保护区、风景名胜区、城乡环境等人文环境资源的保护；而无过错责任原则主要适用于各种环境要素污染防治，如大气污染防治、水污染防治、海洋污染防治、噪声污染防治等。

（三）民事责任的构成要件和免责事由

1. 构成要件

与一般民事责任相比，环境民事责任的特殊性主要表现在无过错责任的两个构成要件上。

第一，环境损害的事实。环境损害的事实即环境侵权造成的环境损害后果。根据侵权行为法补偿功能的基本要求，无损害即无救济，因而它是环境民事责任的构成要件。环境损害具体包括财产损害、人身损害和环境享受损害。

（1）财产损害，是指因环境侵权造成权利人财产的损害，如因污染使农作物受害减产、牲畜死亡，因污染水源致使水产养殖物死亡而减产，因污染使动产或不动产使用价值降低或增加修缮费用，因污染风景区、疗养地、公园使经营者因游人减少而减少门票收入等。国家也可因国有财产受到污染损害而成为赔偿请求人，如依照《中华人民共和国海洋环境保护法》第一百一十四条的规定，造成海洋污染者应该赔偿国家的损失。

（2）人身损害，是指因环境侵权对公民生命健康权的损害。人身损害主要发生在环境污染民事责任中，如因严重超标排放“三废”污染环境，造成受害者伤、残、死、病等——这是最严重的环境损害，许多国家对此适用惩罚性的民事赔偿措施，体现了现代民法对公民生存权利的严格法律保护。

（3）环境享受损害，是指对公民享受良好环境质量权益的损害。它与财产损害和人身损害有关，但并不等同。对财产损害和人身损害的法律界定标准明确，而对环境享受损害的法律界定则标准具有不确定性，但这种损害是客观存在的，而且是环境侵权中最常见的。随着经济和社会文化的发展，公民对这方面法律保护的要求不断提高，因而法律对此必须合理规范。环境享受损害通常表现在两个方面：一是妨碍他人依法享受适宜环境的权利或正常生活，如：排放恶臭气体，使周围居民难以忍受；排放强大噪声，使周围居民不能正常生活、工作。二是对环境要素造成非财产性损害，降低环境要素的功能或价值，如污染或破坏自然风景区，使其风景减色而降低观赏、娱乐价值，污染疗养胜地使之失去疗养价值，污染或破坏人文古迹使其科学研究价值或美学价值降低或丧失等。对环境享受损害的认定比较复杂，有些国家直接在法律中规定了环境权，受害者可以此作为诉讼请求依据。此外，在缺少明确法律标准的情况下，前述忍受限度论原理也可作为求偿权的依据。

第二，因果关系。因果关系，是指环境损害行为与损害事实之间具有直接因果关系，即受害人的损害是因行为人排放污染物或破坏环境造成的。在许多情况下，特别是在环境污染损害中，要证明损害事实与损害行为之间有因果关系比较困难，原因主要有三个：一是侵权行为大多直接作用于受害人，环境侵权则要通过“环境”这一载体作用于人体和财产，其因果关系不容易直接和立即显现出来。此外，污染物在环境中具有潜伏性和积累性，污染行为导致的损害后果往往历时较长，这种时空延伸会使因果关系认定极为困难。二是许多污染是多因素复合作用的结果。例如，某人患上肺癌，可能是工厂超标排放废气造成的，也可能是居住在公路附近吸入过多汽车废气造成的，还可能是在工作环境中被动吸烟所致，甚至可能是这三种原因复合损害的结果。三是对于各种污染物的性质、毒性，以及在环境中迁移、扩散和转化的，现有的科技水平还不足以认识清楚，或者不足以证明环境污染与损害之间存在因果关系，需要通过环境分析、化验等技术手段，专门的仪器设备，以及相当的人力、财力去判定，这无论是对受害人还是对司法部门来说，都是相当困难的。

如果在环境侵权中仅以环境科学手段求证直接因果关系，很可能陷入科学争论而无法使受害人的请求得到救济，也不能对环境侵权行为及时予以制止，这种法律受制于科技的负面效果是环境法律责任制度应当尽量避免的。为此，环境法采用因果关系推定的法律方法予以校正，具体包括以下三种主张：

第一种为盖然性因果关系，即受害人只需证明侵害行为引起的损害可能性（盖然）达到一定程度，即可推定因果关系存在，或证明如果没有该行为就不会发生该结果的盖然性，便可推定因果关系。

第二种为流行病学（或疫学）因果关系。该主张采用流行病学集体性统计方法，从流行病学的视角分析某种疾病发生的原因及与其关系较大的因素，进而进行综合性判断。在判断中，主要考虑四个条件：①该因素在发病前曾发生作用；②该因素作用的程度越显著，则该病患者比例越高（称为“量与效果关系”）；③该因素作用减小，该病患者的比例会下降；④该因素足以导致该疾病，可以被生物学合理说明。

第三种为间接反证说的因果关系。该主张原是德国民事证据法上的概念，被运用于环境侵权中是指如果被害人能证明因果链中的部分事实，就推定其余事实存在，而由致害人负反证其不存在的责任。

上述证明方法在环境保护制度发达国家已不同程度地被采用，如日本四大公害案件的审判都采用了流行病学因果关系认定办法。日本在 1971 年实施的《关于危害人体健康犯罪处罚法》中，对因果关系推定做了明文规定。该法第五条规定：如果某人在工厂企业的经营活动中排放了可能危害公众健康的物质，并且其单独排放量已达到足以危害公众健康的程度，公众的健康在排放发生后受到或正在受到危害，此时便可推定，此种危害是由该排放者的污染引起的。在其他国家，如德国、法国，法院在审理环境侵权案件时，也可以推定因果关系的存在。我国环境法的理论和实践正在积极探索这方面的问题。

2. 环境侵权责任的免责事由

环境侵权责任的免责事由又称“抗辩事由”，是指环境法规定的在因环境侵权致人损害时加害人可以不承担民事责任的事由。它通常是由环境侵权责任的归责原则和构成要件决定的，各国立法上的规定不尽一致。我国法律规定的环境侵权责任的免责事由主要包括以下四种情形。

（1）不可抗拒的自然灾害。

《中华人民共和国水污染防治法》第九十六条、《中华人民共和国环境保护法》第四十一条、《中华人民共和国海洋环境保护法》第一百一十六条等均做了类似规定。需要指出的是，首先，不可抗拒的自然灾害不等于不可抗力，前者的范围很窄，不得做扩大解释；其次，不可抗拒的自然灾害有不可预见和不可避免的含义，凡是可以预见或可以避免的自然灾害，不能作为免责条件；再次，即使发生了不可抗拒的自然灾害，加害人必须采取了合理措施仍不能避免造成环境损害，才可以免责，如果加害人未及时采取合理措施致使损害发生，仍不得免责；最后，只有损害完全是由不可抗拒的自然灾害引起的，才可免除加害人的责任，如果此灾害只是损害发生的部分原因，则不能免除加害人的责任。

（2）受害人的过错。

《中华人民共和国水污染防治法》第九十六条规定，水污染损害是由受害人故意造成的，排污方不承担赔偿责任。水污染损害是由受害人重大过失造成的，可以减轻排污方的赔偿责任。

（3）第三人的过错。

《中华人民共和国水污染防治法》第九十六条第四款规定，水污染损害是由第三人造成的，排污方承担赔偿责任后，有权向第三人追偿。

（4）战争行为。

《中华人民共和国海洋环境保护法》第一百一十六条规定，战争是海洋污染造成损害的免责条件。该条还规定，负责灯塔或者其他助航设备的主管部门，在执行职责时的疏忽，或者其他过失行为造成海洋环境污染损害的，船舶的所有者不承担赔偿责任。

此外，《中华人民共和国民法典》中规定的作为一般民事责任免责条件的正当防卫和紧急避险，也适用于环境责任制度。

（四）环境民事责任的承担

1. 环境民事责任的承担方式

《中华人民共和国民法典》第一百七十九条规定，承担民事责任的方式主要有：停止侵害，排除妨碍，消除危险，返还财产，恢复原状，修理、重作、更换，继续履行，赔偿损失，支付违约金，消除影响、恢复名誉，赔礼道歉。法律规定惩罚性赔偿的，依照其规定。该条规定中承担民事责任的方式，可以单独适用，也可以合并适用。上述所列承担民事责任的方式有些适用于合同责任，有些适用于侵权责任，有些则适用于合同责任和侵权责任。因为环境民事责任是一种特殊的侵权责任，所以，这些民事责任并非全部适用于环境侵权纠纷。2014 年新环保法第六十四条规定：“因污染环境和破坏生态造成损害的，应当依照《中华人民共和国侵权责任法》的有关规定承担侵权责任。”《中华人民共和国大气污染防治法》第一百二十五条、《中华人民共和国水污染防治法》第九十六条第一款、《中华人民共和国噪声污染防治法》第八十六条等都做了类似的规定。综合我国有关法律规定，环境民事责任主要包括以下方式。

（1）排除危害。

环境法中的排除危害，是指国家强令已造成或者可能造成环境危害者，排除可能发生的危害或者停止已经发生的危害，并消除其影响的民事责任形式。它既包括对已经发生的环境污染危害的排除，也包括对实际可能发生的环境污染危害的排除，具体包括三方面含义：第一，消除、治理已造成的污染，使其不再继续损害他人；第二，设置或加强防治污染的措施、设备；第三，停止正在进行的污染行为。上述三种具体方式，第一种是比较纯粹的环境民事责任，而第二种、第三种在我国实践中往往不够严格，或是被列入行政责任，这使排除危害的作用受到局限。

有学者认为，就我国排除环境危害的救济方式而言，除了完全排除危害外，还应借鉴外国立法，通过立法确立部分排除危害（又称“中间排除危害”，如限制污染性工厂、设施的运营时间或排污时间，限制扰民机场的飞机起降时间，限制噪声扰民的建筑施工时间，责令安装或改善污染防治设施，禁止部分加害活动等）、代替性赔偿（以交付赔偿金的形式代替发布关闭污染性工厂的禁令）等更具调和性的制度，以便法院通过对有关利益的比较衡量而对各种危害排除方式加以灵活运用，从而更好地兼顾对受害人的保护、社会公平正义和经济发展。

（2）赔偿损失。

环境法中的赔偿损失，是指国家强令污染危害者以自己的财产弥补对他人造成的财产损失的民事责任形式。这是环境民事责任中最常采用的，也是最纯粹的民事责任形式。依我国现行立法及司法实践，环境损害赔偿范围包括直接损失和间接损失。

第一，直接损失，是指环境危害直接造成的受害人财产的减少或丧失，如农作物减产、鱼虾死亡等，也包括环境危害人身而造成的医疗费、就医差旅费等。对于直接损失，加害人应全部赔偿。此外，直接损失针对直接受到损害的受害者，不包括间接受损失者。例如，污水造成农民粮食绝收，而农民又事先与粮食收购单位签订了粮食收购合同，则直接受损失者是农民，可以请求赔偿，作为间接受损失者的粮食收购单位则不能向环境危害的加害人索赔。

第二，间接损失，是指因环境危害造成受害人财产或人身损害，而这种损害又使受害人失去预期利益。例如，因污水造成瓜农的瓜苗死亡，瓜农买瓜苗、化肥等投入的费用为直接损失，而因绝收造成的预期可得到的卖瓜收益的损失则属于间接损失（包括因环境危害造成人身伤害，治疗期间丧失的工资收入等）。对于间接损失，原则上也应全部赔偿。

此外，环境危害还可能造成受害人精神损害，包括因严重污染造成受害者死亡而给其亲属造成的精神上的巨大痛苦，也包括环境危害给受害人造成残疾，或公民因环境享受权益受到损害引起的精神痛苦等。在实践中，已有地方法院对环境侵权案件判决精神赔偿的情况。

2. 共同环境侵权

共同环境侵权，又称“复合污染”或“复合公害”，是指两个以上民事主体的排污行为共同致人损害或共同引起致人损害的危险发生。《中华人民共和国民法典》第一千一百六十八条规定，二人以上共同实施侵权行为，造成他人损害的，应当承担连带责任。该规定同样适用于环境侵权纠纷。共同环境侵权的核心在于连带责任，旨在扩大责任人范围，加强对受害者的保护。认定共同环境侵权行为，无须认定侵权各方具有共同环境侵权故意或过失。受害人只要能够证明有损害事实，两个以上的污染源位置相近，都排放了污染物且具有持续排放性，受害物或受害人体内能够查出共同排放物或混合排放物成分等，就可以确定排放者的共同侵权责任。共同环境侵权被确定后，受害人不必确定致害者的排放比例和责任比例，可以要求任何一个侵权者先行承担全部侵权责任，先行承担责任者可要求其他侵权者按照比例承担侵权责任，若侵权比例无法确定，则可由共同侵权者平均承担侵权责任。

（五）救济途径

一般地，解决民事纠纷的途径主要包括自行协商、调解、仲裁和诉讼四种。环境侵权作为一种民事侵权行为，其纠纷的解决也可采用多种方式。

1. 自行协商

自行协商，是指环境侵权行为发生后，侵权人和受害人本着公平、妥善解决环境纠纷的精神，自行就纠纷的解决达成一致意见，并自觉履行协议规定的义务。自行协商有助于缓和双方矛盾，使双方心平气和地就责任归属和承担达成协议，并有助于协议的顺利执行。当事人协商解决民事纠纷，为我国多项法律所支持。例如，《中华人民共和国土地管理法》（2019 年 8 月 26 日第二次修正）第十四条第一款明确规定，土地所有权和使用权争议，由当事人协商解决，协商不成的，由人民政府处理。根据《中华人民共和国消费者权益保护法》（2013 年 10 月 25 日第二次修正）第三十九条的规定，当消费者和经营者发生消费权益争议时，纠纷解决途径首推双方协商等。

凡发生纠纷能协商解决的，应尽量协商解决，这也有助于和谐社会的建设。当然，协商解决纠纷并非不讲原则，而应在守法自愿、公平合理的前提下进行。协商内容应是双方真实意思的表示。任何一方，尤其是处于强势地位的侵权者一方，不得采用胁迫手段迫使对方达成不平等、非自愿的协议。同时，我国法律规定，双方协商达成的协议，不具有强制执行力，一方对协议内容反悔的，可拒绝执行，另一方有权提起诉讼。

2. 调解

调解，是指当事人双方发生纠纷时，请没有利害关系的第三人居中调和，达成解决矛盾的协议并自觉执行的纠纷解决方式。调解按调解主体的不同，可分为行政调解和司法调解。

行政调解，是指行政机关主持进行的调解。行政调解和人民调解一样，是诉讼外调解方式，在调解环境纠纷时遵守相关法律，遵循自愿、公正原则，达成的调解协议不具有强制执行力，当事人不愿调解、调解不成或者反悔的，可以向人民法院起诉。

司法调解作为诉讼调解，是由人民法院居中主持进行的调解。人民法院根据自愿、公正原则，依法做出的调解协议，具有强制执行力，一方不履行的，另一方可申请法院强制执行。根据《中华人民共和国仲裁法》的规定，仲裁调解具有和法院调解相同的效力。

生态环境主管部门或其他依法行使环境监督管理权的部门，对当事人之间的环境民事争议，在查清事实、分清责任的基础上，可依照当事人的请求，居中主持使双方就环境损害的赔偿责任和赔偿金额达成协议，以解决纠纷。这既不是行政裁决，也不是行政处理决定，对双方当事人均无强制约束力和强制执行力，一方当事人不服此调解处理的，可以向法院起诉。当然，当事人也可不经行政调解，直接向人民法院起诉。需要注意的是，当事人在起诉时，应以对方当事人为被告，而不能以做出处理决定的生态环境主管部门为被告，法院仍按民事纠纷进行审理。

3. 仲裁

仲裁，是指民事纠纷的当事人根据事先或事后达成的仲裁协议，将民事争议提交双方选定的仲裁机构进行裁决，解决纷争。根据《中华人民共和国仲裁法》的规定，仲裁具有以下五个特征。

第一，自愿性。当事人采用仲裁方式解决纠纷，应当双方自愿达成仲裁协议。没有仲裁协议，一方申请仲裁的，仲裁委员会不予受理。当事人达成仲裁协议，一方向人民法院起诉的，人民法院不予受理，但仲裁协议无效的除外。

第二，自主性。仲裁委员会应当由当事人协议选定。当事人约定由三名仲裁员组成仲裁庭的，应当各自选定或者各自委托仲裁委员会主任指定一名仲裁员，第三名仲裁员由当事人共同选定或者共同委托仲裁委员会主任指定。第三名仲裁员是首席仲裁员。当事人约定由一名仲裁员成立仲裁庭的，应当由当事人共同选定或者共同委托仲裁委员会主任指定仲裁员。

第三，灵活性和便捷性。仲裁不实行级别管辖和地域管辖。仲裁“一裁终局”的制度裁决做出后，当事人就同一纠纷再申请仲裁或者向人民法院起诉的，仲裁委员会或者人民法院不予受理。

第四，专业性。仲裁委员会的主任、副主任和委员由法律、经济贸易专家和有实际工作经验的人员担任。在仲裁委员会的组成人员中，法律、经济贸易专家不得少于2/3。

第五，民间性。仲裁委员会独立于行政机关，与行政机关没有隶属关系。仲裁委员会之间也没有隶属关系。与诉讼相比，仲裁更便捷、灵活，更能体现当事人的意愿，并且仲裁裁决具有强制执行力。因此，选择仲裁方式解决民事纠纷的人越来越多。

4. 诉讼

根据我国法律规定，自行协商、调解和仲裁解决环境侵权纠纷的方式并非启动诉讼程序的前置程序。当事人可不经协商、调解，也可不选择仲裁而直接向法院提起环境民事诉讼。环境民事诉讼是环境侵权的受害人为保护自身的人身和财产权益，依据民事诉讼规定的条件和程序向人民法院对环境侵权者提起的诉讼。该种诉讼基本上按照《中华人民共和国民事诉讼法》规定的条件和程序进行。

二、环境刑事责任

环境刑事责任，是指由于行为人的故意或过失，其行为严重危及环境保护，并造成了人身伤亡、环境污染或资源破坏等情形，已经构成犯罪的，需要承担刑法上的法律责任。各国在环境保护中都充分认识到，刑事责任是国家对环境施加影响的最严厉手段，必须得到运用，但它只能作为“最后手段”，即在其他较缓和的措施特别是行政措施不能奏效时才可采用，从而明确了刑事责任在环境法中的地位和作用，也明确了环境刑事法律手段运用的一些特点。

（一）环境刑事责任的含义

1. 《刑法》在环境资源保护方面的范围扩大

传统《刑法》的保护范围仅限于对人身权和财产权的保护，适用范围有限。在环境保护中，环境要素、环境权益是主要的保护对象，要运用刑法手段保护环境资源，就必须扩大刑法的适用范围，将过去对人身及财产的保护扩大到对环境要素、环境权益的保护上。从生态观点出发，将环境要素视同人的生命、健康和财产，使其具有由刑法加以严格保护的价值，拓展了《刑法》的内涵。

2. 特别《刑法》的出现

环境保护领域运用《刑法》手段起步较晚，传统的《刑法》对此并无规定，而严重危害环境的犯罪行为不断发生，社会危害性特别大，造成的损失甚至无法用经济价值来估算，因而必须予以严厉制裁，以起到惩戒、威慑和教育作用。有些国家出现了特别《刑法》或专门制定了有关危害环境罪及其处罚的单行刑事法律，或修订普通《刑法》。

3. 扩大刑罚的范围

一般的刑事责任比较注重犯罪事实和犯罪后果，而在环境刑事责任中，等到人或环境出现损害后果时再适用刑罚就晚了，因为环境损害往往是一系列污染行为积累的结果。到污染和破坏形成时再进行刑罚是难以发挥威慑与教育作用的，要证明哪些人参与犯罪也会很困难，因此，《刑法》对环境的保护，必须体现预防原则。多数发达国家规定了针对危险行为的抽象犯罪构成和刑罚，建立了扩大刑罚范围、处罚法人以及并罚制度，以加重刑罚。例如，法国就列举了具有危险性的各种典型行为，对于这些行为，不要求有产生具体的损害或发生损害后果的现实可能性，只要存在具体的危险，就应承担刑事责任。如果发生具体的危险或造成了一定的损害，就可能加重刑罚。

4. 较广泛地运用了财产刑

追究环境刑事责任的根本目的在于保护环境，改善遭受损害的环境。环境法中的刑事责任，一方面实行并罚制度，在对法人进行处罚时只能采取财产刑；另一方面在对自然人追究环境刑事责任时，必须考虑恢复环境质量的需要，因而也主要采取财产刑的形式。从国外有关环境刑事的立法中可以看出，并处财产刑是环境刑事责任的一个显著特征。

（二）环境刑事责任的构成要件

环境刑事责任的构成要件实际上就是环境犯罪的构成要件，因为构成犯罪是承担环境刑事责任的前提条件。环境犯罪又称“危害环境的犯罪”“公害犯罪”“破坏环境资源保护犯罪”等。

1. 环境犯罪的主体

刑法上的犯罪主体，是指实施犯罪行为，依法应负刑事责任的人。在传统的刑法中，只有自然人能成为犯罪主体，自然人实施犯罪，自然人承担责任，法人是不能成为犯罪主体的。但在环境刑法中，法人犯罪的观点日益为各国立法所接受，追究法人的环境刑事责任成为一种趋势。在实践中，许多后果严重、影响恶劣的污染或者破坏环境的行为均是企业所为，因此必须承认法人为环境犯罪的主体，并规定对法人适用财产刑和资格刑等进行制裁。比如，《中华人民共和国固体废物污染环境防治法》规定，单位犯罪的，处以罚金，并对直接负责的主管人员和其他直接责任人员依规定进行处罚。

2. 环境犯罪的主观要件

刑法上犯罪的主观要件，是指犯罪主体对他实施的犯罪行为及危害后果所持的故意或过失的心理态度。《刑法》规定：行为在客观上虽然造成了损害结果，但不是出于故意或者过失，而是由不能抗拒或者不能预见的原因引起的，不是犯罪。故意危害环境罪，是指行为人（包括自然人和法人）明知自己的行为会引起污染或破坏环境的危害后果，希望或放任这种危害后果发生的行为。在实践中，这类犯罪往往与企业的生产活动相关，行为人的主观动机往往是完成生产任务或营利，而放任破坏和污染环境行为的发生。因此，间接故意在环境犯罪中是较为常见的一种犯罪形式。过失犯罪，是指行为人（包括自然人和法人）应该预见自己的泄漏、开发利用等行为会危害环境，因为疏忽大意而没有预见，或者已经预见但轻信能够避免，以致发生严重污染和破坏环境的事故。

3. 环境犯罪的客体

环境犯罪的客体，是指为《刑法》所保护的，而为犯罪所侵害的社会关系。环境犯罪的客体具有复合性，其表现可能是物质性的，如公民的、集体的、国家的环境所有权和使用权，也可能是非物质性的，如公民的环境权。

4. 环境犯罪的客观要件

环境犯罪的客观要件，是指环境犯罪行为及其造成的危害后果。环境犯罪行为是犯罪构成的要素之一，一般包括作为与不作为两种形式。危害后果是否严重是区分环境行政责任与环境刑事责任的标准之一。

犯罪的结果，是指犯罪行为对犯罪客体造成的损害，通常是判定某一犯罪行为社会危害程度的重要因素之一。环境犯罪的结果，大体包括四个方面：一是行为已经造成了一定的损害结果；二是以行为可能引起某种损害结果作为构成某种犯罪的必要条件，环境犯罪中对危险犯的惩罚即是如此；三是以行为造成的严重后果作为处以重罚的依据；四是不对行为造成的具体损害结果做出规定。

（三）《刑法》对环境犯罪的规定

我国自 1997 年 10 月 1 日起施行修订后的《刑法》，之后全国人大常委会对《刑法》进行了数次修正，并对破坏环境资源保护犯罪的内容进行了完善。根据《刑法》及其修正案，最高人民法院、最高人民检察院《关于执行〈中华人民共和国刑法〉确定罪名的补充规定（二）》《关于执行〈中华人民共和国刑法〉确定罪名的补充规定（三）》《关于执行〈中华人民共和国刑法〉确定罪名的补充规定（四）》，以及《关于办理环境污染刑事案件适用法律若干问题的解释》，我国有关环境资源的犯罪及相应的环境刑事责任主要包括如下内容。

1. 破坏环境资源保护罪

《刑法》第二编第六章第六节专节规定了“破坏环境资源保护罪”，具体包括以下内容：第三百三十八条规定的污染环境罪；第三百三十九条第一款规定的非法处置进口的固体废物罪，第二款规定的擅自进口固体废物罪，第三款规定的走私废物罪；第三百四十条规定的非法捕捞水产品罪；第三百四十一条第一款规定的危害珍贵、濒危野生动物罪，第二款规定的非法狩猎罪，第三款规定的非法猎捕、收购、运输、出售陆生野生动物罪；第三百四十二条规定的非法占用农用地罪；第三百四十二条之一规定的破坏自然保护地罪；第三百四十三条第一款规定的非法采矿罪，第二款规定的破坏性采矿罪；第三百四十四条规定的危害国家重点保护植物罪；第三百四十四条之一规定的非法引进、释放、丢弃外来入侵物种罪；第三百四十五条第一款规定的盗伐林木罪，第二款规定的滥伐林木罪，第三款规定的非法收购、运输盗伐、滥伐的林木罪；第三百四十六条单位犯破坏环境资源保护罪的处罚规定。

2. 渎职罪

《刑法》第二编第九章对“渎职罪”做出了规定，其中与环境资源管理有关的内容包括：第四百零七条规定的违法发放林木采伐许可证罪，第四百零八条规定的环境监管失职罪。

（四）刑罚

根据环境刑事责任的特点和归类原则，追究行为人环境刑事责任的措施可从整体上分为两大类：刑罚措施和非刑罚措施。

1. 刑罚措施

刑罚是国家立法机关在刑法中规定的由法院对犯罪人实施并通过特定机构执行的最为严厉的强制措施。按照《刑法》的规定，环境犯罪人承担的刑事法律责任形式与一般犯罪人无异。但因为环境犯罪的特点，死刑是不宜适用的，所以环境犯罪的刑罚措施主要是罚金刑和自由刑，其中罚金刑的运用尤为突出。

（1）罚金刑。

罚金刑是一种附加刑，《刑法》对其有明确规定。因为罚金刑强制犯罪人缴纳一定数额的金钱，对环境犯罪适用罚金刑符合惩罚和预防环境犯罪的需要，所以世界各国将其作为处罚环境犯罪的主要措施。我国环境刑事规范中也坚持了这个原则。

（2）自由刑。

自由刑具有剥夺犯罪人人身自由、威慑力较大、防止再犯的作用，因此各国对环境犯罪也普遍规定了自由刑。在《刑法》中，适用于环境犯罪的自由刑主要是无期徒刑、有期徒刑和拘役。这些自由刑的执行有利于直接对环境犯罪分子进行教育改造。

2. 非刑罚措施

州罚措施在所有社会控制手段中最具威慑力，也最能体现社会正义感，但我们也要认识到，相对于其他措施，刑罚手段的运用也具有高成本的特点。非刑罚措施是刑罚措施的必要补充。我国现行刑事规范中的非刑罚措施主要包括赔偿经济损失（以刑事附带民事的诉讼形式实现）和司法行政处罚两大类，均适用于环境犯罪。

第四节　排污许可制度

一、排污许可制度的意义

排污许可制度是发达国家普遍采用的一项政策手段。尽管我国提出建立排污许可制度已经有很多年历史，但直至 2016 年国务院办公厅印发《控制污染物排放许可制实施方案》，排污许可制度才开始在我国全面实施。排污许可制度，是指由国家规定的行政主管部门根据排污企业的申请，经过依法审查，允许其按照排污许可证载明的排污种类、排污浓度、排污数量、排放时间、排放路线等要求排放污染物，对排污企业的排污行为进行有效约束的管理制度。在总量控制的基础上，政府部门把要削减的污染物量优化分配到排污单位，并以向排污单位发放许可证的形式使其获得排污许可。

对同一种污染物而言，不同的污染源因所在行业或企业不同，削减的边际费用可能存在较大差异，有的可以用较少的投入获得较高的去除率，而有的则需要承担较高的费用。这种情况实际上意味着排污许可量指标中隐含着经济价值和经济损益。如果允许通过市场手段（交易）将排污指标转化为资本，那么前者就会愿意努力削减排污量，并将自己富余出来的排污许可指标转让出去，而后者会愿意选择购买排污权，这样既可以使自己的排污合法化，又可以用较小的投入扩大生产规模，争取更大的经济效益。从这个角度来看，排污许可证交易制度不但可以在保证污染物排放总量不超过所容许总量的前提下，使污染削减的总费用趋向最小化，而且可以把环境容量作为资源合理“分配”到经济效益较高的企业或部门，从而有利于区域经济结构的调整。

由此可见，排污许可证交易较好地协调了不同单位在排污量上的冲突，协调了政府主管部门和企业在总量计划与市场调节之间的冲突。在确定了排污总量并进行了合理分配的前提下，排污许可证交易使排污单位可以根据自身情况来选择具体做法，使污染削减费用最小化，从而既达到保护环境的目的，也减轻了企业的负担，使企业能在经济利益的驱动下，积极地进行生产工艺改革、实施清洁生产，增加排污余额，使企业的生产行为与环境容量得到协调。

排污许可证是排污单位生产运营期排放行为的唯一行政许可。近年来，我国逐渐形成了以全国排污许可管理信息平台为支撑，以申请与核发技术规范为核心，以相关技术指南为配套的技术体系。全国排污许可证信息管理平台是集排污许可证申请与核发、排污登记、排污信息公开及证后管理等于一体的信息化服务平台。申请与核发技术规范用于指导和规范排污许可证申请、核发、执行及监管全过程，相关技术指南主要包括环境管理台账及排污许可证执行报告技术规范、自行监测技术指南、污染防治可行技术指南等。下列排污单位应当实行排污许可管理：排放工业废气或者排放国家依法公布的有毒有害大气污染物的企业事业单位，集中供热设施的燃煤热源生产运营单位，直接或间接向水体排放工业废水或医疗污水的企业事业单位及其他生产经营者，城镇污水集中处理设施的运营单位，设有污水排放口的规模化禽畜养殖场，依法实行排污许可管理的其他排污单位。

二、《排污许可管理条例》

《排污许可管理条例》自 2021 年 3 月 1 日起正式实施。为全面实行排污许可制度，该条例提出了一系列新举措，如依法将水、大气、土壤、固体废物和噪声等污染要素纳入许可管理，逐步实现环境要素全覆盖。该条例分六章，共五十一条，重点明确了排污许可证的法律效力、排污许可分类管理模式、排污许可证核发程序和条件、排污单位的主体责任、违法排污的法律责任等。

第一，全面规范排污许可管理工作，为固定污染源监管执法提供法律依据，为落实排污单位主体责任提供法律手段，为排污许可制度发展完善奠定法治基础。

第二，明确了排污许可证的法律效力。规定排污单位不得无证排污，实施按证排污、按证监管；规定排污许可证是企业守法、行政执法、社会监督的基本依据；统一污染物排放相关数据；实现排污许可制度与环境影响评价、建设项目“三同时”、环境排放标准、总量控制、环境监测、环境执法等制度的衔接。

第三，明确了排污许可分类管理模式。依据《排污许可管理条例》和《固定污染源排污许可分类管理名录》，我国将排污单位分为重点管理、简化管理、登记管理三类。重点管理是针对污染物排放量大、环境风险高的行业（如石化、钢铁、焦化等），以及位于生态敏感区或排放重点污染物的企业，实施严格的许可审查与高频监管。该类企业需提交详细的环评文件，安装在线监测设备并联网，每月或每季度提交执行报告，接受年度现场核查。通过全流程管控，确保企业持证排污、按证排污，从源头减少污染排放，保障区域环境质量。简化管理适用于污染物排放量较小、环境影响较低的行业（如食品加工、包装印刷等），流程简化，相关企业无须提交环评文件，仅需填报基本信息与排污数据。该类企业需每年提交一次执行报告，监测频次较低，生态环境部门通过“双随机、一公开”方式抽查。此举在控制环境风险的同时，降低了企业合规成本，平衡了监管效能与经济发展需求。登记管理适用于污染物产生量极小、环境影响轻微的企业（如个体餐饮、小型洗衣店等），采用在线登记备案制。该类企业无须审批即可获得登记编号，自主记录污染防治措施，但无须提交执行报告或接受定期检查。该类企业若生产规模扩大或排污变化，需及时升级为许可管理，实现“放管服”改革与环境风险防控的有机结合。

第四，明确了排污许可证的核发程序和条件。规定了审批部门、申请方式、材料要求、审批期限、核发条件和证载内容，以及许可证延续、变更与重新申请要求等。获得排污许可证需符合四个条件：一是依法取得建设项目环境影响评价报告书（表）的批准文件，或已办理环境影响登记表备案；二是申请的排污许可浓度、数量符合排放标准和总量控制指标等；三是具备相应的污染防治设施，或采用污染防治可行技术；四是自行监测方案符合国家规范。

第五，明确了排污单位的主体责任。排污单位应建立完善的环境管理内控制度，依法建设规范化的排污口，设置标志牌，自行开展排放监测，保存原始监测记录。实行排污许可重点管理的单位，还应安装使用自动监测设备并联网。排污单位应建立环境管理台账记录制度，并如实提交排污许可证执行报告，在全国排污许可证管理信息平台公开污染物排放信息。

第六，明确违法排污的法律责任。规定加大对违法排污行为的处罚力度，加大对未取得排污许可证排放污染物、超标排放污染物等违法排污行为的罚款处罚力度；综合设定多种处罚措施——对情节严重的违法排污行为，责令限制生产、停产整治、停业、关闭及治安拘留等；对复查发现排污企业继续实施违法行为或拒绝、阻挠复查的，按日连续处罚。

值得一提的是，《排污许可管理条例》对未建立环境管理台账记录制度、未按照规定提交排污许可证执行报告等违法行为，创新规定了按次处罚的措施，这是生态环境保护领域行政处罚方面的新突破。

《排污许可管理条例》与以前的文件相比，有以下三个重要变化，需要排污单位注意。

第一，《排污许可管理条例》第十四条第一款明确规定“排污许可证有效期为5年”，不再区分首次发放和延续换发排污许可证的有效期。排污许可证有效期届满，排污单位需要继续排放污染物的，应当于排污许可证有效期届满60日前向审批部门提出申请。

第二，增加了需要重新申请取得排污许可证的三种情形：①新建、改建、扩建排放污染物的项目；②生产经营场所、污染物排放口位置或者污染物排放方式、排放去向发生变化；③污染物排放口数量或者污染物排放种类、排放量、排放浓度增加。

第三，将“变更排污许可证”的情形限缩为两类：①排污单位变更名称、住所、法定代表人或者主要负责人的，应当自变更之日起30日内，向审批部门申请办理排污许可证变更手续；②排污单位适用的污染物排放标准、重点污染物总量控制要求发生变化，需要对排污许可证进行变更的，审批部门可以依法对排污许可证相应事项进行变更。在第二类情形下，《排污许可管理条例》并未明确是排污单位主动申请变更，还是生态环境主管部门依职权主动对排污许可证进行变更以及何时变更等内容。

三、排污单位基本情况填报要求

（一）一般原则

排污单位应按照相关要求，在全国排污许可证管理信息平台申报系统填报《排污许可证申请表》中的相应信息。地方生态环境主管部门规定需要填报或排污单位认为需要填报的，可自行增加内容。

设区的市级以上地方生态环境主管部门可以根据环境保护地方性法规，增加需要在排污许可证中载明的内容，并填入排污许可证管理信息平台申报系统中有核发权的地方生态环境主管部门增加的“管理内容”一栏。

未依法取得建设项目环境影响评价审批意见或按照有关规定经地方人民政府依法处理、整顿规范并符合要求的相关证明材料的排污单位，采用的污染防治设施或措施不能达到许可排放浓度要求的排污单位，以及存在其他依规需要改正行为的排污单位，在首次申报排污许可证填报申请信息时，应在全国排污许可证管理信息平台申报系统中“改正规定”一栏，提出改正方案。

排污单位基本情况应当按照实际情况填报，排污单位对提交申请材料的真实性、合法性和完整性负法律责任。

（二）排污单位基本信息

排污单位基本信息应填报单位名称、是否需整改、许可证管理类别、邮政编码、是否投产、投产日期、生产经营场所中心经度、生产经营场所中心纬度、所在地是否属于环境敏感区（如大气重点控制区域、总磷总氮控制区等）、所属工业园区名称、环境影响评价审批意见文号（备案编号）、地方政府对违规项目的认定或备案文件文号、主要污染物总量分配计划文件文号、颗粒物总量指标、二氧化硫总量指标、氮氧化物总量指标、化学需氧量总量指标、氨氮总量指标、挥发性有机物总量指标、其他污染物总量指标（如有）等。

课后习题

简答题

1. 什么是环境法，它有哪些特征？
2. 如何认识环境法律体系？
3. 环境法的基本原则有哪些？
4. 保护优先原则的基本含义是什么？
5. 预防为主原则的基本要求是什么？
6. 综合治理原则的基本要求是什么？
7. 作为中国公民，应如何坚持公众参与原则？
8. 损害承担原则的基本要求是什么？
9. 谈谈你是如何看待我国环境影响评价制度的完善的。
10. 我国制定了哪些污染防治法？
11. 什么是环境民事责任？
12. 环境侵权具有哪些特征？
13. 我国环境民事责任的归责原则有哪些？
14. 什么是环境刑事责任？
15. 根据环境刑事责任的特点和归责原则，追究行为人环境刑事责任的措施可分为哪几类？
16. 排污许可制度的意义是什么？
17. 根据《排污许可管理条例》与以前文件相比的重要变化，排污单位需要注意什么？
18. 排污单位基本情况填报有哪些要求？

第六章
环境保护税的核定

第一节 纳税人

一、纳税人的适用情形

《环境保护税法》第二条规定："在中华人民共和国领域和中华人民共和国管辖的其他海域，直接向环境排放应税污染物的企业事业单位和其他生产经营者为环境保护税的纳税人，应当依照本法规定缴纳环境保护税。"

中华人民共和国领域，是指我国行使国家主权的空间，包括领陆、领水、领空。中华人民共和国管辖的其他海域，是指我国法律规定的领海毗连区和领海以外200海里的专属海洋经济区。

直接向环境排放应税污染物是环境保护税的应税行为。也就是说，"直接"和"应税污染物"是构成环境保护税应税行为的两个必要条件。一方面，如果企业排放的污水通过管网进入依法设立的污水集中处理场所，则该行为属于间接排放，不是直接排放，不构成应税行为；另一方面，排放的污染物必须为税法中列举的应税污染物，如果排放的是二氧化碳、林格曼黑度、建筑噪声等污染物，虽然对环境也有一定的危害，但不是《环境保护税法》中列举的应税污染物，也不构成应税行为。

2014年新环保法第四十三条规定："排放污染物的企业事业单位和其他生产经营者，应当按照国家有关规定缴纳排污费。排污费应当全部专项用于环境污染防治，任何单位和个人不得截留、挤占或者挪作他用。依照法律规定征收环境保护税的，不再征收排污费。"该条款明确了排污费（环境保护税）的缴纳人为排放污染物的企业事业单位和其他生产经营者。

根据《环境保护税法》的规定，环境保护税的纳税人是具有生产经营行为的企业事业单位和其他生产经营者，该税种不对行政机关和自然人征收。从事生产经营的事业单位有向环境直接排放应税污染物行为的，应当缴纳环境保护税。

例6.1 下列主体中属于环境保护税纳税人的是（　　）。

A. 直接向环境排放应税污染物的事业单位

B. 直接向环境排放应税污染物的个人

C. 非直接向环境排放应税污染物的企业

D. 直接向环境排放非应税污染物的行政机关

答：A。

例 6.2 在中华人民共和国领域和中华人民共和国管辖的其他海域，向环境排放应税污染物的企业事业单位和其他生产经营者为环境保护税的纳税人，应当依照《环境保护税法》的规定缴纳环境保护税。(　　)

答：×。

解析　“直接”向环境排放应税污染物的企业事业单位和其他生产经营者才是环境保护税的纳税人。

二、不缴纳环境保护税的情形

根据《环境保护税法》第四条的规定，以下情形不属于直接向环境排放污染物，不缴纳相应污染物的环境保护税。

（1）企业事业单位和其他生产经营者向依法设立的污水集中处理、生活垃圾集中处理场所排放应税污染物的。

（2）企业事业单位和其他生产经营者在符合国家和地方环境保护标准的设施、场所贮存或者处置固体废物的。

《中华人民共和国环境保护税法实施条例》（简称《环境保护税法实施条例》）第四条规定：依法对畜禽养殖废弃物进行综合利用和无害化处理的，不属于直接向环境排放污染物，不缴纳环境保护税。

由上述规定可知，符合下列条件的纳税人不是环境保护税的纳税人。

（1）不直接向环境排放污染物。上述规定列明了不属于直接向环境排放污染物的情形，即不需要缴纳相应污染物环境保护税的情形。其他向环境直接排放应税污染物的行为，应当缴纳相应污染物的环境保护税，相关法律法规明确规定暂予免征或者减征环境保护税的项目除外。

例 6.3　（多选题）下列行为中不属于直接排放情形的有（　　）。

A. 甲企业会产生工业污水，但持有排污许可证，污水全部进入城市管网

B. 乙企业将企业产生的粉煤灰排放到依法设立的事故灰场

C. 丙企业将产生的工业污水通过自有的污水处理场处理达标排放到海中

D. 丁企业将企业产生的危险废物堆放在企业厂区的角落

答：AB。

（2）符合国家和地方环境保护标准。需要注意的是，以上条款规定的排放应税污染物的污水集中处理、生活垃圾集中处理场所及贮存或者处置固体废物的设施、场所必须是“依法设立”且“符合国家和地方环境保护标准”的，否则不能列入非直接排

放情形。这里的污水集中处理场所，包括城乡生活污水集中处理厂及工业和化工等园区的工业污水集中处理厂。依法设立的城乡污水集中处理、生活垃圾集中处理场所超过国家和地方规定的排放标准向环境排放应税污染物的，应当缴纳环境保护税。对于贮存或者处置固体废物的设施、场所，《环境保护税法》第五条第二款做出了规定，企业事业单位和其他生产经营者贮存或者处置固体废物不符合国家和地方环境保护标准的，应当缴纳环境保护税。

以下通过几个题目来说明哪些情况可以不缴纳环境保护税。

1. 某企业的生产车间会产生工业污水，通过管网进入依法设立的污水集中处理场，还需要缴纳环境保护税吗？

答：不需要。

解析 根据《环境保护税法》第二条的规定，在中华人民共和国领域和中华人民共和国管辖的其他海域，直接向环境排放应税污染物的企业事业单位和其他生产经营者为环境保护税的纳税人，应当依照本法规定缴纳环境保护税。第四条明确规定，企业事业单位和其他生产经营者向依法设立的污水集中处理、生活垃圾集中处理场所排放应税污染物的，不属于直接向环境排放污染物，不缴纳相应污染物的环境保护税。由此可以看出，“直接排放”和“应税污染物”是构成环境保护税应税行为的两个必要条件。企业的污水通过管网进入依法设立的污水集中处理场所，属于间接排放，不构成应税行为。

2. 餐饮企业排放的油烟需要缴纳环境保护税吗？

答：不需要。

解析 根据《环境保护税法》第二条的规定，“直接排放”和“应税污染物”是构成环境保护税应税行为的两个必要条件。由《环境保护税法》附表二《应税污染物和当量值表》可知，餐饮业排放的油烟不属于应税污染物。油烟属于挥发性有机物，目前没有列入环境保护税的征税范围，因此，该餐饮企业排放的油烟不需要缴纳环境保护税。但是，如果监测报告中有颗粒物的监测指标，那么颗粒物应按照燃料燃烧产生的烟尘缴纳环境保护税。

3. 建筑企业在施工过程中产生的噪声以前需要缴纳排污费，现在需要缴纳环境保护税吗？

答：不需要。

解析 由《环境保护税法》附表一《环境保护税税目税额表》可知，目前我国对工业噪声征税，征收对象不含建筑噪声，这一点与以往排污费的征收范围有所不同。所以，该建筑企业在施工过程中产生的噪声不需要缴纳环境保护税。

4. 公司产生的废旧纸壳、塑料等垃圾需要缴纳环境保护税吗？

答：不需要。

解析 由《环境保护税法》附表一《环境保护税税目税额表》可知，固体废物包括煤矸石、尾矿、危险废物、冶炼渣、粉煤灰、炉渣以及其他固体废物（含半固态、液态废物）。废旧纸壳、塑料不在列举范围内，因此不属于应税污染物，不需要缴纳环境保护税。同时需要注意，如果该公司所在的省、自治区、直辖市已将该类垃圾列入应税固体废物的“其他”类，则需要缴纳环境保护税。

5. 公司产生的含油危险废物贮存在厂内经验收合格的危废贮存库中，需要缴纳环境保护税吗？

答：不需要。

解析 根据《环境保护税法》第四条的规定，以下情形不属于直接向环境排放污染物，不缴纳相应污染物的环境保护税。

（1）企业事业单位和其他生产经营者向依法设立的污水集中处理、生活垃圾集中处理场所排放应税污染物的。

（2）企业事业单位和其他生产经营者在符合国家和地方环境保护标准的设施、场所贮存或者处置固体废物的。

危废贮存库是经过生态环境主管部门验收的，符合国家和地方环境保护标准的场所，因而在此处贮存应税固体废物不属于向环境排放，不需要缴纳环境保护税。

三、环境保护税特殊纳税人——禽畜养殖场

根据《环境保护税法实施条例》第四条的规定，达到省级人民政府确定的规模标准并且有污染物排放口的禽畜养殖场，应当依法缴纳环境保护税；依法对禽畜养殖废弃物进行综合利用和无害化处理的，不属于直接向环境排放污染物，不缴纳环境保护税。

（一）规模化养殖的判定

对有排放口的规模化养殖场，应当征收环境保护税，其养殖规模由省级人民政府确定。《畜禽规模养殖污染防治条例》第四十三条明确规定：“禽畜养殖场、养殖小区的具体规模标准由省级人民政府确定，并报国务院环境保护主管部门和国务院农牧主管部门备案。”《环境保护税法》及其实施条例对养殖规模的规定与《畜禽规模养殖污染防治条例》保持了一致。

例 6.4 在 G 省政府办公厅印发的规模化养殖标准中，生猪为不低于 400 头。某生猪存栏量为 450 头的养殖场，如何缴纳环境保护税？

答：养殖场存栏量 450 头，符合 G 省规模化养殖标准，属于规模化养殖，可以采用实测法进行环境保护税计算。如果不具备采样监测的条件，由于其养殖规模小于 500 头，不能适用《环境保护税法》附表四的当量值计算，省级税务机关应当提请省级生态环境主管部门规定当量值或采用抽样测算方法核定计算。

对于牧区放牧养殖征税问题，考虑到《畜禽规模养殖污染防治条例》明确不适用牧区放牧养殖污染防治，而且之前的排污费并未对牧区放牧征收，以及牧区养殖对环

境影响的特殊性，明确牧区放牧养殖不属于税法所称“规模化养殖”，对其不征收环境保护税。

（二）禽畜养殖场征税条件判断

第一，是否属于环境保护税的纳税人。环境保护税的纳税主体是企业事业单位或者其他生产经营者，零散养殖的农户个人（自然人）不属于纳税人。

第二，是否达到省级人民政府确定的规模标准。

第三，是否有排放口，直接向环境排放应税污染物。

第四，是否按照《环境保护税法》及其实施条例的规定进行监测，能够对应税污染物的排放量进行计算。具体来讲：①具备监测条件的，以监测数据计算；②不具备监测条件但满足税法所附《禽畜养殖业、小型企业和第三产业水污染物污染当量值》备注栏中对禽畜存栏量的要求的，按照表中牛、猪、鸡鸭等家禽的污染当量数计算；③既不具备监测条件，也不满足税法所附《禽畜养殖业、小型企业和第三产业水污染物污染当量值》备注栏中对禽畜存栏量的要求的，由省级生态环境主管部门规定当量值或采用抽样测算方法核定计算。省级生态环境主管部门未确定当量值或者抽样测算方法的，不征收环境保护税。

（三）免征环境保护税的条件

禽畜养殖场免征环境保护税的条件有两个：①对产生的废弃物进行综合利用和无害化处理；②属于非规模化养殖。

这里的“废弃物”，并不是指《环境保护税法》附表一中的应税固体废物，而是指养殖过程中产生的动物排泄物等，所以并不需要由省、自治区、直辖市人民政府提出，报同级人民代表大会常务委员会决定，并报全国人民代表大会常务委员会和国务院备案。

这里的“综合利用和无害化处理”，是指对规模化禽畜养殖场产生的禽畜养殖废弃物采取粪肥还田、制取沼气、制造有机肥等符合《畜禽规模养殖污染防治条例》及国务院规定的方式进行综合利用和无害化处理。该情形免征环境保护税。

四、污水集中处理、生活垃圾集中处理场所

（一）城乡污水集中处理、生活垃圾集中处理场所

根据《环境保护税法》第五条第一款、第十二条第一款第（三）项的规定，依法设立的城乡污水集中处理、生活垃圾集中处理场所超过国家和地方规定的排放标准向环境排放应税污染物的，应当缴纳环境保护税；其所排放相应应税污染物，不超过国家和地方规定的排放标准的，暂免征收环境保护税。

1. 政策背景

依法设立的城乡污水集中处理、生活垃圾集中处理场所主要是治理居民个人的生

活污水和生活垃圾，这部分污染物本身不负有纳税义务，且具有一定的公益性质。目前，许多城乡污水集中处理场所、生活垃圾集中处理场所运营较为困难，实际亏损由各级财政以多种方式予以补贴。为减轻城乡污水集中处理、生活垃圾集中处理场所的运营负担，调动其不断改进治污工艺和技术水平、减少污染物排放的积极性，税法规定，对其暂免征收环境保护税，但同时附加了一个条件，即其所排放相应应税污染物，不得超过国家和地方规定的排放标准。

2. 判定依据

对于城乡污水集中处理场所，可以根据相关法律法规对城镇污水集中处理场所建设和运营的有关规定，以是否符合城乡排水和污水处理建设规划、是否由财政支付运营费用、是否执行《城镇污水处理厂污染物排放标准》（GB 18918—2002）为依据，同时结合排污许可证、立项审批文件、环境影响评价文件等进行判定。一般而言，城乡污水集中处理场所由财政支付运营服务费，且可以在立项审批文件及环境影响评价文件中确认其是否符合相关标准。

2020 年 4 月 9 日，生态环境部发布《关于公布〈全国污水集中处理设施清单〉（第一批）的公告》（公告 2020 年第 21 号）。2020 年 11 月 18 日，生态环境部发布《关于公布〈全国污水集中处理设施清单〉（第二批）的公告》（公告 2020 年第 52 号）。以上公告对全国 2344 座污水集中处理设施的性质进行了确定，可以作为判断污水集中处理设施是城乡污水集中处理场所还是工业污水集中处理场所的条件之一。但是，以上公告的内容并不是确定污水处理厂属性的唯一标准，现实中确实有生态环境部的公告中是生活污水处理场所但实际处于工业园区、属于工业园区污水处理厂的情况，因此判断是否符合免税政策要求，需要综合考虑住建部门的意见。

（二）工业污水集中处理场所

《环境保护税法实施条例》第三条明确规定，城乡污水集中处理场所，是指为社会公众提供生活污水处理服务的场所，不包括为工业园区、开发区等工业聚集区域内的企业事业单位和其他生产经营者提供污水处理服务的场所，以及企业事业单位和其他生产经营者自建自用的污水处理场所。对于实际运营中混合处理部分工业污水的城乡污水处理厂，根据国家税务总局答复口径，同样适用免征环境保护税的优惠政策。

工业污水集中处理场所与城乡污水集中处理场所的性质有所不同。工业污水集中处理场所服务于工业园区内的少数企业，由双方协商确定服务费用，具有商业性质。如果对工业污水集中处理场所达标排放不征税，而对企业自行处理污水达标排放征收环境保护税，显然有失公平。《环境保护税法实施条例》第三条规定，工业污水集中处理场所不享受达标排放免税的优惠。工业污水集中处理场所按要求须达标排放，达标排放污水所含污染物一般较少。根据税法规定，按污染当量数计算征税额，工业污水集中处理场所的税收负担不重。

（三）两种场所征税政策的比较

工业污水集中处理场所：征税。

城乡污水集中处理场所：达标——免税，超标——征税（全征）。

例 6.5 依法设立的城乡污水集中处理场所排放的应税污染物不超过国家和地方规定的排放标准，暂予免征环境保护税。这里的"城乡污水集中处理场所"，是指为社会公众提供生活污水处理服务的场所，包括为工业园区、开发区等工业聚集区域内的企业事业单位和其他生产经营者提供污水处理服务的场所，以及企业事业单位和其他生产经营者自建自用的污水处理场所。(　　)

答：×。

解析 依法建立的城乡污水集中处理场所不包括为工业园区、开发区等工业聚集区域内的企业事业单位和其他生产经营者提供污水处理服务的场所，以及企业事业单位和其他生产经营者自建自用的污水处理场所。

例 6.6 甲企业为化工厂，拥有自建自用的污水处理场所，处理后的污水经检测达标，直接排放入海。请问，该企业需要缴纳环境保护税吗？

答：需要。

解析 企业自建自用的污水处理场所不属于《环境保护税法》规定的免税范围。达标排放是指经处理后的污染物排放浓度符合国家和地方规定的相关环保标准，因为它直接向环境排放污染物，所以仍应根据其污染物的排放量折合的污染当量数缴纳环境保护税。

五、固体废物环境保护税纳税人

固体废物环境保护税纳税人包括应税固体废物产生单位和固体废物贮存、处置、综合利用单位。固体废物贮存、处置、综合利用单位，是指为纳税人自己或其他单位提供固体废物贮存、处置、综合利用服务的企业、事业单位和其他生产经营者。

固体废物贮存、处置应当符合国家固体废物污染环境防治要求。根据《中华人民共和国固体废物污染环境防治法》的规定，固体废物贮存，是指将固体废物临时置于特定设施或者场所中的活动；固体废物处置，是指将固体废物焚烧和用其他改变固体废物的物理、化学、生物特性的方法，达到减少已产生的固体废物数量、缩小固体废物体积、减少或者消除其危险成分的活动，或者将固体废物最终置于符合环境保护规定要求的填埋场的活动；固体废物的综合利用，是指从固体废物中提取物质作为原材料或者燃料的活动。

例 6.7 甲企业是采矿厂，产生的尾矿贮存在尾矿库中。甲企业是不是固体废物环境保护税纳税人？

答：是。

解析 固体废物环境保护税纳税人包括应税固体废物产生单位和固体废物贮存、处置、综合利用单位。尾矿是应税固体废物，因为甲企业产生了应税固体废物，所以甲企业是固体废物环境保护税纳税人。

六、海洋工程环境保护税纳税人

海洋工程环境保护税纳税人，是指在中华人民共和国内水、领海、毗连区、专属经济区、大陆架以及中华人民共和国管辖的其他海域内从事海洋石油、天然气勘探开发生产等作业活动，并向海洋环境排放应税污染物的企业事业单位和其他生产经营者。

这里应注意的是，内水是指一国领陆范围内的河流、湖泊和领海基线向陆地一侧的内海、海湾、海港和海峡内的水域。

例 6.8 甲企业在渤海进行天然气开采活动，产生的生活污水、生产污水和机舱污水经过开采平台污水处理站处理后排入渤海。甲企业是不是环境保护税纳税人？

答：是。

解析 海洋工程环境保护税纳税人，是指在中华人民共和国内水、领海、毗连区、专属经济区、大陆架以及中华人民共和国管辖的其他海域内从事海洋石油、天然气勘探开发生产等作业活动，并向海洋环境排放应税污染物的企业事业单位和其他生产经营者。因此，甲企业是环境保护税的纳税人，应向海洋石油税务（收）管理分局申报环境保护税。

第二节　课税对象

《环境保护税法》第三条规定："本法所称应税污染物，是指本法所附《环境保护税税目税额表》、《应税污染物和当量值表》规定的大气污染物、水污染物、固体废物和噪声。"

大气污染物、水污染物、固体废物和噪声是影响环境的主要污染物，国际上一般选择对这四类污染物征税。我国原排污费的征收对象也是这四类污染物，俗称"水、气、声、渣"。参照国际经验，并与我国原排污收费制度衔接，环境保护税的征税对象为大气污染物、水污染物、固体废物和噪声，具体应税污染物依据《环境保护税法》所附《环境保护税税目税额表》《应税污染物和当量值表》的规定执行。

《环境保护税法》对应税污染物的规定与排污费对征收对象的规定基本一致，但也有不同之处。比如，取消了对林格曼黑度的征收，减少了噪声的超标分类，缩小了噪声的征收范围（取消了建筑噪声）等。

例 6.9 下列各项中，属于环境保护税应税污染物的是（　　）。

A. 甲醛　　B. 一氧化碳　　C. 二氧化碳　　D. 油烟

答： AB。

解析 一定要对应《环境保护税法》所附《环境保护税税目税额表》《应税污染物和当量值表》判断是否属于环境保护税应税污染物。

一、大气污染物

《环境保护税法》第三条所称“大气污染物”，是指向环境排放影响大气环境质量的物质，具体范围依照该法所附《应税污染物和当量值表》确定，包括二氧化硫、氮氧化物、一般性粉尘等 44 种。需要注意的是，以前征收排污费的挥发性有机物和林格曼黑度不在应税大气污染物范围内。

（一）术语定义

标准状态，是指温度为 273K、压力为 101325Pa 时的状态，简称“标态”。大气污染物排放标准规定的各项标准值，均以标准状态下的干空气为基准。

最高允许排放浓度，是指处理设施后排气筒中污染物任何 1h 浓度平均值不得超过的限值，或指无处理设施排气筒中污染物任何 1h 浓度平均值不得超过的限值。

最高允许排放速率，是指一定高度的排气筒任何 1h 排放污染物的质量不得超过的限值。

无组织排放，是指大气污染物不经过排气筒的无规则排放。

无组织排放监控浓度限值，是指监控点的污染物浓度在任何 1h 的平均值不得超过的限值。

污染源，是指排放大气污染物的设施或排放大气污染物的建筑构造（如车间等）。

无组织排放源，是指设置于露天环境中具有无组织排放的设施，或具有无组织排放的建筑构造（如车间、工棚等）。

排气筒高度，是指自排气筒（或其主体建筑构造）所在的地平面至排气筒出口处的高度。

对应税大气污染物是否超标进行判断主要看以下三个指标：

（1）通过排气筒排放的污染物最高允许排放浓度。

（2）通过排气筒排放的污染物，按排气筒高度规定的最高允许排放速率。

（3）以无组织方式排放的污染物，规定无组织排放的监控点及相应的监控浓度限值。

（二）排放方式

大气污染物是我国生态环境主管部门重点监控的污染物之一，也是环境保护税征收的重点。《环境保护税法》把应税污染物的排放方式分为有排放口形式的排放和没有排放口形式的排放。

从定义上看，通过烟囱等固定管道排放应税污染物的方式叫作有排放口形式的排放，生态环境主管部门一般称其为“有组织排放”。但有组织排放和有排放口形式的排放在定义上有很大不同。根据《大气污染物综合排放标准》（GB 16297—1996）的定义，高度15米以上排气筒的排放叫作有组织排放，高度15米以下排气筒的排放归入无组织排放范畴。在《环境保护税法》中，只要是有固定管道的排放，都属于有排放口形式的排放。常见的排放方式为烟囱排放。

没有排放口形式的排放，是指排放应税污染物的行为没有通过固定管道进行，而是在生产过程中，通过生产作业、设备的动静密封点泄漏或者其他过程进行排放，生态环境主管部门一般称这种排放方式为“无组织排放”。没有排放口形式的排放是无组织排放里面除去15米以下排气筒的排放。常见的排放方式有煤场装卸、堆存煤时产生的一般性粉尘排放，拆迁工地上的一般性粉尘排放，加油站加油时产生的油气挥发等。

（三）排放特点

从视觉、嗅觉来区分，可将应税大气污染物的排放分为三类。

第一类是肉眼看得见的排放。比如，火电厂的烟囱烟气排放、锅炉房的烟气排放、施工工地车辆通过后的粉尘排放等。这类应税大气污染物排放可以通过肉眼直接观测到。如果纳税人有这种情况的排放，一定会涉及环境保护税。这类排放主要通过固定排放口进行，也有部分粉尘等没有通过固定排放口排放。这类污染物排放的特点是收集相对简单，治理也相对简单。

第二类是看不见但闻得着的排放。比如，化工厂、钢厂、加油站附近以及喷涂作业等，总会有各种奇怪的味道，甚至会随风飘散很远。这些排放用肉眼是观察不到的，但是人的嗅觉系统可以察觉到。例如，苯、甲硫醇等具有刺激性气味的应税大气污染物。这类排放大部分没有通过排放口进行，而是通过设备的动静密封点、调和、装卸等生产过程进行。这类排放的特点是收集难、治理难。

第三类是既看不见又闻不到的应税污染物排放。这类污染物排放需要结合纳税人的生产工艺、原辅材料的使用和消耗以及产品的种类等，通过物料反应及生产原理进行判断。比如，一氧化碳等。这类污染物排放的环境保护税征收是难点。

一般情况下，工业企业有多个废气排放口，需要对每个排放口的废气以及无组织排放的废气进行采集。

二、水污染物

《环境保护税法》第三条所称“水污染物”，是指向环境排放影响水环境质量的物质，具体范围依照《环境保护税法》所附《应税污染物和当量值表》确定。

（一）术语定义

污水，是指在生产与生活中排放的水的总称。

排水量，是指在生产过程中直接用于工艺生产的水（不包括间接冷却水、厂区锅炉排水、电站排水）的排放量。

第一类水污染物：不分行业和污水排放方式，也不分收纳水体的功能类别，一律在车间或者车间处理设施排放口采样，其最高允许排放浓度必须达到标准（采矿行业的尾矿坝出水口不得视为车间排放口）。

其他类水污染物：在排污单位排放口采样，其最高允许排放的浓度必须达到标准。

城镇污水，是指城镇居民生活污水，机关、学校、医院、商务服务机构及各种公共设施排水，以及允许排入城镇污水收集系统的工业污水和初期雨水等。

城镇污水处理厂，是指对进入城镇污水收集系统的污水进行净化处理的污水处理厂。

标准分级：排入 GB 3838—2002 Ⅲ类水域（划定的保护区和游泳区除外）和排入 GB 3097—1997 中二类海域的污水，执行一级标准；排入 GB 3838—2002 Ⅳ、Ⅴ类水域和排入 GB 3097—1997 中三类海域的污水，执行二级标准；排入设置二级污水处理厂的城镇排水系统的污水，执行三级标准；排入未设置二级污水处理厂的城镇排水系统的污水，必须根据排水系统出水受纳水域的功能要求，分别执行一级或二级标准。

（二）种类

水污染物分为第一类水污染物和其他类水污染物。第一类水污染物包括总汞、总镉等 10 种，其他类水污染物包括化学需氧量、氨氮、色度等 55 种。禽畜养殖业、小型企业和第三产业水污染物污染当量值 6 个。其中，禽畜养殖业、小型企业和第三产业水污染物污染当量值的确定实际上采用特征值法，该方法属于排污核算中基于产排污规律设定的量化手段，与排污系数并列，用于规范污染物当量测算。比如：禽畜养殖场的环境保护税污染当量值是针对养殖类型的，且仅对存栏规模大于 50 头牛、500 头猪、5000 羽鸡鸭等禽畜养殖场征收；医院的污染当量值只针对病床数大于 20 张的计算。

第一类水污染物和其他类水污染物的主要区别在于对环境的危害程度，我们把对环境有突出影响的列为第一类水污染物，其余的列为其他类水污染物。

特殊规定：海洋工程环境保护税应税水污染物有明确的范围，即向海洋水体排放的生产污水和机舱污水中的石油类污染物，钻井泥浆和钻屑中的石油类、总镉、总汞，以及生活污水中的化学需氧量。

（三）排放特点

根据生态环境主管部门的环境影响评价审批，绝大多数纳税人的污水排放只有一个总排放口，但是如果有循环冷却水，则循环冷却水需要单独设排放口进行排放，不能与生产污水进行混排。如果混排，会涉嫌稀释排放，根据《环境保护税法》及《中华人民共和国水污染防治法》的相关规定，要予以处罚。

三、固体废物

（一）相关概念

固体废物，是指在生产、生活和其他活动中产生的丧失原有利用价值或者虽未丧失利用价值但被抛弃或者放弃的固态、半固态和置于容器中的气态的物品、物质以及法律、行政法规规定纳入固体废物管理的物品、物质。

危险废物，是指列入《国家危险废物名录（2025 年版）》或者根据国家规定的危险废物鉴别标准和鉴别方法认定的具有危险特性的固体废物。

贮存，是指将固体废物临时置于特定设施或者场所中的活动。

处置，是指将固体废物焚烧和采用其他改变固体废物的物理、化学、生物特性的方法，达到减少已产生的固体废物数量、缩小固体废物体积、减少或者消除固体废物危险成分的活动，或者将固体废物最终置于符合环境保护规定要求的填埋场的活动。

利用，是指从固体废物中提取物质作为原材料或者燃料的活动。

（二）种类

《环境保护税法》第三条所称“固体废物”，是指《环境保护税法》所附《环境保护税税目税额表》中列举的煤矸石、尾矿、冶炼渣、粉煤灰、炉渣、危险废物及其他固体废物。

对于其他固体废物，《环境保护税法实施条例》第二条规定：“环境保护税法所附《环境保护税税目税额表》所称其他固体废物的具体范围，依照环境保护税法第六条第二款规定的程序确定。”也就是说，由省、自治区、直辖市人民政府统筹考虑本地区环境承载能力、污染物排放现状和经济社会生态发展目标要求，在《环境保护税税目税额表》规定的税额幅度内提出，报同级人民代表大会常务委员会决定，并报全国人民代表大会常务委员会和国务院备案。

海洋工程应税固体废物的环境保护税，以对海洋水体排放的生活垃圾的重量计征。

（三）排放特点

应税固体废物的排放方式与应税水污染物及应税大气污染物不同，根据《环境保护税法》的规定，企业事业单位和其他生产经营者在不符合国家与地方环境保护标准的设施、场所贮存或者处置固体废物的，属于向环境排放的行为。

应税水污染物和应税大气污染物可以采用监测的方法确定种类并计算应纳税额，并且以直接向环境排放为计税行为，但是《中华人民共和国固体废物污染环境防治法》中明确规定，对应税固体废物的排放，实行减少固体废物的产生量和危害性、充分合理利用固体废物和无害化处置固体废物的原则，促进清洁生产和循环经济发展，同时要求对产生固体废物的单位进行源头管控。结合《环境保护税法》和《环境保护税法实施条例》中对固体废物排放量计算方法的确定，无论固体废物的产生单位是否向环境排放固体废物，都应当纳入环境保护税管理范畴。

四、工业噪声

工业噪声，是指在工业生产活动中使用固定的设备时产生的干扰周围生活环境的声音。环境噪声，是指在工业生产、建筑施工、交通运输和社会生活中产生的干扰周围生活环境的声音。

声级，即声压级，用 L 表示，单位为 dB。

等效声级，“等效连续声级”的简称，指在规定测量时间 T 内声级的能量平均值，用 $L_{eq,T}$ 表示（简写为 L_{eq}），单位为 dB。

厂界，由法律文书（如土地使用证、房产证、租赁合同等）确定的业主拥有使用权（或所有权）的场所或建筑物边界。各种产生噪声的固定设备的厂界为其实际占地的边界。

噪声敏感建筑物，是指医院、学校、机关、科研单位、住宅等需要保持安静的建筑物。

昼间、夜间。根据《中华人民共和国噪声污染防治法》，“昼间”是指 6：00 至 22：00之间的时段，“夜间”是指 22：00 至次日 6：00 之间的时段。

县级以上人民政府为满足环境噪声污染防治的需要（如考虑时差、作息习惯差异等）而对昼间、夜间的划分另有规定的，应按其规定执行。

频发噪声，是指频繁发生、发生的时间和间隔有一定规律、单次持续时间较短、强度较高的噪声，如排气噪声、货物装卸噪声等。

偶发噪声，是指偶然发生、发生的时间和间隔无规律、单次持续时间较短、强度较高的噪声，如短促鸣笛声、工程爆破噪声等。

最大声级，是指在规定测量时间内对频发或偶发噪声事件测得的声级最大值，用 L_{max} 表示，单位为 dB。

《环境保护税法》第三条所称“噪声”，包括工业噪声、建筑施工噪声、交通运输噪声和社会生活噪声，具体范围依照《环境保护税法》所附《环境保护税税目税额表》确定。由《环境保护税税目税额表》可知，环境保护税仅对工业噪声征收，而排污费对建筑噪声和商业噪声也征收。

第三节　计税方式

一、税目

《环境保护税法》第六条规定：“环境保护税的税目、税额，依照本法所附《环境保护税税目税额表》执行。”

（一）大气污染物税目

《环境保护税法》明确了应税大气污染物有 44 种，主要来源于《大气污染物综合排放标准》《恶臭污染物排放标准》和其他有关行业污染物排放标准。以各类污染物的污染特征和治理工艺相近为依据，可将 44 种废气污染物分为六大类，即无机气态污染物（7 种）、无机雾态污染物（3 种）、颗粒状污染物（10 种）、有机烃或碳氢氧化合物（10 种）、有机碳氢氧及其他（6 种）、恶臭污染物（8 种），详见表 6.1。

表 6.1　应税大气污染物种类、排放标准及当量值

类别	序号	污染物	排放标准（mg/m^3）	污染当量值（kg）	备注
无机气态污染物	1	二氧化硫	960550	0.95	氰化氢与二氧化硫、氮氧化物、氯气、氯化氢同为酸性无机气体，均可采用吸收法和吸附法处理
	2	氮氧化物	1400240	0.95	
	3	一氧化碳		16.7	
	4	氯气	65	0.34	
	5	氯化氢	100	10.75	
	6	氟化物	909.0	0.87	
	7	氰化氢	1.9	0.005	
无机雾态污染物	8	硫酸雾	43045	0.6	铬酸雾和汞及其化合物，均可采用吸附法处理
	9	铬酸雾	0.07	0.0007	
	10	汞及其化合物	0.012	0.0001	
颗粒状污染物	11	一般性粉尘	120	4	均属固态粉尘状，处理方法相近，均以一般性粉尘作为主要污染物
	12	石棉尘	10	0.53	
	13	玻璃棉尘	60	2.13	
	14	碳黑尘	18	0.59	
	15	铅及其化合物	0.7	0.02	
	16	镉及其化合物	0.85	0.03	
	17	铍及其化合物	0.012	0.0004	
	18	镍及其化合物	4.3	0.13	
	19	锡及其化合物	8.5	0.27	
	20	烟尘		2.18	

续表

类别	序号	污染物	排放标准（mg/m³）	污染当量值（kg）	备注
有机烃或碳氢氧化合物	21	苯	12	0.05	均可采用催化燃烧法和吸附法处理，以甲醇作为主要污染物
	22	甲苯	40	0.18	
	23	二甲苯	70	0.27	
	24	苯并（a）芘	0.0003	0.000002	
	25	甲醛	25	0.09	
	26	乙醛	125	0.45	
	27	丙烯醛	16	0.06	
	28	甲醇	190	0.67	
	29	酚类	100	0.35	
	30	沥青烟	1404075	0.19	
有机碳氢氧及其他	31	苯胺类	20	0.21	不采用催化燃烧法处理，常采用吸附法处理，以氯乙烯为主要污染物
	32	氯苯类	60	0.72	
	33	硝基苯	16	0.17	
	34	丙烯腈	22	0.22	
	35	氯乙烯	36	0.55	
	36	光气	3.0	0.04	
恶臭污染物	37	硫化氢		0.29	除氨外，均可采用吸附法处理，以硫化氢为主要污染物
	38	氨		9.09	
	39	三甲胺		0.32	
	40	甲硫醇		0.04	
	41	甲硫醚		0.28	
	42	二甲二硫		0.28	
	43	苯乙烯		25	
	44	二硫化碳		20	

注：恶臭污染物排放标准值见《恶臭污染物排放标准》（GB 14554—93）。需要注意的是，有排放口排放的标准单位为kg/h，并且与排放口高度有关。其他排放浓度标准来源于《大气污染物排放标准》（GB 16297—1996）。另外，如应税污染物另有行业性国家大气污染物排放标准或者地方排放标准，按其适用范围规定的污染源排放标准执行。

从排放方式上看，表6.1中的44种应税大气污染物既可以采用有排放口形式排放，也可以采用没有排放口形式排放。污染当量值与对环境的危害程度成反比。污染当量值越小，对环境的危害程度越高；污染当量值越大，对环境的危害程度越低。

需要注意的是，在44种应税大气污染物中，有个别污染物的名称和类别与生态环境主管部门管理的污染物类别以及国家与地方排放标准中的污染物名称不完全一致。例如，“颗粒物”，在生态环境管理和排放标准中是主要污染物，但不是环境保护税的应税污染物，而烟尘、一般性粉尘、石棉尘、玻璃棉尘、碳黑尘都是颗粒物。《关于明确环境保护税应税污染物适用等有关问题的通知》（财税〔2018〕117号）规定，燃烧产生废气中的颗粒物按照烟尘征收环境保护税。排放的扬尘、工业粉尘等颗粒物，除可以确定为烟尘、石棉尘、玻璃棉尘、碳黑尘的以外，按照一般性粉尘征收环境保护税。

（二）水污染物税目

《环境保护税法》明确了应税的第一类水污染物为 10 种，第二类水污染物为 51 种，以及 pH 值、色度、大肠菌群数（超标）和余氯量（用氯消毒的医院废水）4 种水污染物，共计 65 种应税水污染物，同时明确了禽畜养殖业、小型企业和第三产业水污染物污染当量值。这 65 种应税水污染物，主要依据污染当量核算规则，参考《污染综合排放标准》等环境质量与污染物排放控制标准，结合环保税征管实际需求确定。

特殊规定：海洋工程环境保护税应税水污染物有明确的范围，是指向海洋水体排放的生产污水和机舱污水、钻井泥浆（包括水基泥浆和无毒复合泥浆）和钻屑及生活污水，按照应税污染物排放量折合的污染当量数计征。其中，生产污水和机舱污水，按照生产污水和机舱污水中石油类污染物排放量折合的污染当量数计征；钻井泥浆和钻屑，按照钻井泥浆和钻屑中石油类、总镉、总汞的污染物排放量折合的污染当量数计征；生活污水按照生活污水中化学需氧量（COD_{Cr}）排放量折合的污染当量数计征（见表 6.2）。

表 6.2　应税污染物和当量值表

污染物	污染当量值	备注
一、第一类水污染物污染当量值		
1. 总汞	0.0005 千克	
2. 总镉	0.005 千克	
3. 总铬	0.04 千克	
4. 六价铬	0.02 千克	
5. 总砷	0.02 千克	
6. 总铅	0.025 千克	
7. 总镍	0.025 千克	
8. 苯并（a）芘	0.0000003 千克	
9. 总铍	0.01 千克	
10. 总银	0.02 千克	
二、第二类水污染物污染当量值		
11. 悬浮物（SS）	4 千克	
12. 生化需氧量（BOD_5）	0.5 千克	同一排放口中的化学需氧量、生化需氧量和总有机碳只征收一项
13. 化学需氧量（COD_{Cr}）	1 千克	
14. 总有机碳（TOC）	0.49 千克	
15. 石油类	0.1 千克	

续表

污染物	污染当量值	备注
16. 动植物油	0.16 千克	
17. 挥发酚	0.08 千克	
18. 总氰化物	0.05 千克	
19. 硫化物	0.125 千克	
20. 氨氮	0.8 千克	
21. 氟化物	0.5 千克	
22. 甲醛	0.125 千克	
23. 苯胺类	0.2 千克	
24. 硝基苯类	0.2 千克	
25. 阴离子表面活性剂（LAS）	0.2 千克	
26. 总铜	0.1 千克	
27. 总锌	0.2 千克	
28. 总锰	0.2 千克	
29. 彩色显影剂（CD-2）	0.2 千克	
30. 总磷	0.25 千克	
31. 元素磷（以 P 计）	0.05 千克	
32. 有机磷农药（以 P 计）	0.05 千克	
33. 乐果	0.05 千克	
34. 甲基对硫磷	0.05 千克	
35. 马拉硫磷	0.05 千克	
36. 对硫磷	0.05 千克	
37. 五氯酚及五氯酚钠（以五氯酚计）	0.25 千克	
38. 三氯甲烷	0.04 千克	
39. 可吸附有机卤化物（AOX）（以 Cl 计）	0.25 千克	
40. 四氯化碳	0.04 千克	
41. 三氯乙烯	0.04 千克	
42. 四氯乙烯	0.04 千克	
43. 苯	0.02 千克	
44. 甲苯	0.02 千克	
45. 乙苯	0.02 千克	
46. 邻-二甲苯	0.02 千克	

续表

污染物		污染当量值	备注
47. 对-二甲苯		0.02 千克	
48. 间-二甲苯		0.02 千克	
49. 氯苯		0.02 千克	
50. 邻二氯苯		0.02 千克	
51. 对二氯苯		0.02 千克	
52. 对硝基氯苯		0.02 千克	
53. 2,4-二硝基氯苯		0.02 千克	
54. 苯酚		0.02 千克	
55. 间-甲酚		0.02 千克	
56. 2,4-二氯酚		0.02 千克	
57. 2,4,6-三氯酚		0.02 千克	
58. 邻苯二甲酸二丁酯		0.02 千克	
59. 邻苯二甲酸二辛酯		0.02 千克	
60. 丙烯腈		0.125 千克	
61. 总硒		0.02 千克	
三、pH 值、色度、大肠菌群数、余氯量水污染物污染当量值			
1. pH 值	(1) 0~1，13~14	0.06 吨污水	pH 值 5~6 指大于等于 5，小于 6；pH 值 9~10 指大于 9，小于等于 10，其余类推
	(2) 1~2，12~13	0.125 吨污水	
	(3) 2~3，11~12	0.25 吨污水	
	(4) 3~4，10~11	0.5 吨污水	
	(5) 4~5，9~10	1 吨污水	
	(6) 5~6	5 吨污水	
2. 色度	5 吨水 · 倍		
3. 大肠菌群数（超标）		3.3 吨污水	大肠菌群数和余氯量只征收一项
4. 余氯量（用氯消毒的医院废水）		3.3 吨污水	
四、禽畜养殖业、小型企业和第三产业水污染物污染当量值			
禽畜养殖业	1. 牛	0.1 头	仅对存栏规模大于 50 头牛、500 头猪、5000 羽鸡鸭等的禽畜养殖场征收
	2. 猪	1 头	
	3. 鸡、鸭等家禽	30 羽	
4. 小型企业		1.8 吨污水	
5. 饮食娱乐服务业		0.5 吨污水	
6. 医院	消毒	0.14 床	医院病床数大于 20 张的按本表计算污染当量数
		2.8 吨污水	
	不消毒	0.07 床	
		1.4 吨污水	

表 6.2 中的第四项，禽畜养殖业、小型企业和第三产业水污染物污染当量值采用的是特征值法，牛、猪等并不是应税污染物，只是用于计算无法进行实际监测或者物料衡算的禽畜养殖业、小型企业和第三产业等小型排污者的水污染物污染当量数。

（三）固体废物税目

固体废物的税目分为一般性固体废物和危险废物。其中：一般性固体废物分为煤矸石、尾矿、冶炼渣、粉煤灰、炉渣、其他固体废物（含半固态、液态废物），危险废物的种类在《环境保护税法》附表一《环境保护税税目税额表》中并没有体现，因此要引用生态环境部、国家发展改革委、公安部、交通运输部、国家卫生健康委员会发布的自 2025 年 1 月 1 日起实施的《国家危险废物名录（2025 年版）》，其中所列的所有危险废物均为应税固体废物。

需要注意的是，其他固体废物（含半固态、液态废物）由各省、自治区、直辖市人民政府统筹考虑本地区环境承载能力、污染物排放现状和经济社会生态发展目标要求提出，报同级人民代表大会常务委员会决定，并报全国人民代表大会常务委员会和国务院备案。

（四）噪声税目

这里所说的噪声，特指超标的工业企业厂界噪声。

二、税额

应税大气污染物和应税水污染物具体适用税额的确定与调整，由省、自治区、直辖市人民政府统筹考虑本地区环境承载能力、污染物排放现状和经济社会生态发展目标要求，在《环境保护税法》附表一《环境保护税税目税额表》规定的税额幅度内提出，报同级人民代表大会常务委员会决定，并报全国人民代表大会常务委员会和国务院备案。

由《环境保护税税目税额表》可知，大气污染物每污染当量税额为 1.2 元至 12 元，水污染物每污染当量税额为 1.4 元至 14 元。大气污染物、水污染物的环境保护税税额标准由各省、自治区、直辖市人民政府拟定。

比如，北京市应税大气污染物适用税额为每污染当量 12 元，应税水污染物适用税额为每污染当量 14 元，均为《环境保护税法》规定的税额浮动范围的上限；辽宁、吉林等地应税大气污染物适用税额为每污染当量 1.2 元，应税水污染物适用税额为每污染当量 1.4 元，均为《环境保护税法》规定的税额浮动范围的下限。

固体废物的税额为煤矸石每吨 5 元，尾矿每吨 15 元，危险废物每吨 1000 元，冶炼渣、粉煤灰、炉渣、其他固体废物（含半固态、液态废物）每吨 25 元。

工业噪声的税额为超标 1~3 分贝每月 350 元，超标 4~6 分贝每月 700 元，超标 7~9 分贝每月 1400 元，超标 10~12 分贝每月 2800 元，超标 13~15 分贝每月 5600 元，超标16分贝以上，每月11200元。

部分省份省内不同地区的税额也不同。比如，江苏省的规定如下：南京市的税额标准为大气污染物8.4元/污染当量、水污染物8.4元/污染当量，无锡市、常州市、苏州市、镇江市的税额标准为大气污染物6元/污染当量、水污染物7元/污染当量，徐州市、南通市、连云港市、淮安市、盐城市、扬州市、泰州市、宿迁市的税额标准为大气污染物4.8元/污染当量、水污染物5.6元/污染当量。

河北省的规定如下。与北京市相邻的13个县（市、区）、雄安新区及相邻的15个县（市、区），执行一档税额标准，税额标准为：大气中的主要污染物执行9.6元/污染当量，水中的主要污染物执行11.2元/污染当量，大气和水中的其他污染物（除主要污染物外的所有污染物）分别执行4.8元/污染当量和5.6元/污染当量。石家庄市、保定市、廊坊市、定州市、辛集市（不含执行一档税额的区域）执行二档税额标准，税额标准为：大气中的主要污染物执行6元/污染当量，水中的主要污染物执行7元/污染当量，大气和水中的其他污染物分别执行4.8元/污染当量和5.6元/污染当量。唐山市、秦皇岛市、沧州市、张家口市、承德市、衡水市、邢台市、邯郸市（不含执行一档、二档税额的区域）执行三档税额标准，税额标准为：大气污染物中的主要污染物和其他污染物均执行4.8元/污染当量，水污染物中的主要污染物和其他污染物均执行5.6元/污染当量。

也有的地区对同一税目下的不同应税污染物规定了不同税额。比如，上海市应税大气污染物适用税额标准为：自2018年1月1日起，二氧化硫、氮氧化物分别为6.65元/污染当量、7.6元/污染当量，其他大气污染物为1.2元/污染当量；自2019年1月1日起，二氧化硫、氮氧化物分别调整为7.6元/污染当量、8.55元/污染当量。应税水污染物适用税额标准为：自2018年1月1日起，化学需氧量为5元/污染当量，氨氮为4.8元/污染当量，第一类水污染物为1.4元/污染当量，其他类水污染物为1.4元/污染当量（见表6.3）。

表6.3 各地环境保护税应税大气污染物和水污染物税额

序号	地区	标准（环境保护税具体适用税额）
1	北京	应税大气污染物为12元/污染当量，应税水污染物为14元/污染当量
2	上海	应税大气污染物：自2018年1月1日起，二氧化硫、氮氧化物分别为6.65元/污染当量、7.6元/污染当量；其他大气污染物为1.2元/污染当量；自2019年1月1日起，二氧化硫、氮氧化物分别调整为7.6元/污染当量、8.55元/污染当量。应税水污染物：自2018年1月1日起，化学需氧量调整为5元/污染当量，氨氮调整为4.8元/污染当量，第一类水污染物调整为1.4元/污染当量；其他类水污染物调整为1.4元/污染当量
3	天津	应税大气污染物为10元/污染当量，应税水污染物为12元/污染当量

续表

序号	地区	标准（环境保护税具体适用税额）
4	重庆	2018年1月1日至2020年12月31日，应税大气污染物为2.4元/污染当量，应税水污染物为3元/污染当量；自2021年1月1日起，应税大气污染物调整为3.5元/污染当量，应税水污染物调整为3元/污染当量
5	河北	执行一档税额标准的区域：与北京市相邻的13个县（市、区），包括涞水县、涿鹿县、怀来县、赤城县、丰宁满族自治县、滦平县、三河市、大厂回族自治县、香河县、廊坊市的广阳区和安次区、固安县、涿州市；雄安新区及相邻的15个县（市、区），包括雄县、安新县、容城县以及永清县、霸州市、文安县、任丘市、高阳县，保定市的竞秀区、莲池区、满城区、清苑区、徐水区，定兴县、高碑店市。税额标准：大气主要污染物为9.6元/污染当量，水主要污染物为11.2元/污染当量；大气其他污染物为4.8元/污染当量，水其他污染物为5.6元/污染当量。 执行二档税额标准的区域：石家庄市、保定市、廊坊市、定州市、辛集市（不含执行一档税额标准的区域）。税额标准：大气主要污染物为6元/污染当量，水主要污染物为7元/污染当量；大气其他污染物为4.8元/污染当量，水其他污染物为5.6元/污染当量。 执行三档税额标准的区域：唐山市、秦皇岛市、沧州市、张家口市、承德市、衡水市、邢台市、邯郸市（不含执行一档、二档税额标准的区域）。税额标准：大气主要污染物和其他污染物均为4.8元/污染当量，水主要污染物和其他污染物均为5.6元/污染当量。 主要污染物指COD、氨氮、二氧化硫和氮氧化物
6	河南	应税大气污染物为4.8元/污染当量，应税水污染物为5.6元/污染当量
7	山西	应税大气污染物为1.8元/污染当量，应税水污染物为2.1元/污染当量
8	山东	应税大气污染物：二氧化硫、氮氧化物为6.0元/污染当量，其他应税大气污染物为1.2元/污染当量。应税水污染物：化学需氧量、氨氮、总铅、总汞、总铬、总镉、总砷为3.0元/污染当量，其他应税水污染物为1.4元/污染当量。城乡污水集中处理场所超过国家和省规定的排放标准向环境排放应税水污染物的，其化学需氧量、生化需氧量、总有机碳、悬浮物、总磷、氨氮、大肠菌群数（超标）、总铅、总汞、总铬、总镉、总砷为3.0元/污染当量；排放其他应税水污染物的具体适用税额为1.4元/污染当量
9	湖北	应税大气污染物：二氧化硫和氮氧化物为2.4元/污染当量，其余大气污染物的税额为1.2元/污染当量。应税水污染物：化学需氧量、氨氮、总磷和五项主要重金属（铅、汞、铬、镉、类金属砷）的税额为2.8元/污染当量，其余水污染物为1.4元/污染当量
10	湖南	应税大气污染物为2.4元/污染当量，应税水污染物为3元/污染当量
11	广东	应税大气污染物为1.8元/污染当量，应税水污染物为2.8元/污染当量
12	广西	应税大气污染物为1.8元/污染当量，应税水污染物为2.8元/污染当量
13	海南	应税大气污染物为2.4元/污染当量，应税水污染物为2.8元/污染当量
14	四川	应税大气污染物为3.9元/污染当量，应税水污染物为2.8元/污染当量
15	贵州	应税大气污染物为2.4元/污染当量，应税水污染物为2.8元/污染当量

续表

序号	地区	标准（环境保护税具体适用税额）
16	云南	2018 年，应税大气污染物为 1.2 元/污染当量，应税水污染物为 1.4 元/污染当量。自 2019 年起，应税大气污染物调整为 2.8 元/污染当量，应税水污染物调整为 3.5 元/污染当量
17	黑龙江	应税大气污染物为 1.2 元/污染当量，应税水污染物为 1.4 元/污染当量
18	吉林	应税大气污染物为 1.2 元/污染当量，应税水污染物为 1.4 元/污染当量
19	辽宁	应税大气污染物为 1.2 元/污染当量，应税水污染物为 1.4 元/污染当量。自 2020 年 7 月 1 日起，二氧化硫和氮氧化物调整为 2.4 元/污染当量，化学需氧量和氨氮调整为 2.8 元/污染当量
20	安徽	应税大气污染物为 1.2 元/污染当量，应税水污染物为 1.4 元/污染当量
21	福建	应税大气污染物为 1.2 元/污染当量；应税水污染物中五项重金属（总汞、总镉、总铬、总砷、总铅）、化学需氧量和氨氮为 1.5 元/污染当量，其他水污染物为 1.4 元/污染当量
22	江西	应税大气污染物为 1.2 元/污染当量，应税水污染物为 1.4 元/污染当量
23	陕西	应税大气污染物为 1.2 元/污染当量，应税水污染物为 1.4 元/污染当量
24	甘肃	应税大气污染物为 1.2 元/污染当量，应税水污染物为 1.4 元/污染当量
25	青海	应税大气污染物为 1.2 元/污染当量，应税水污染物为 1.4 元/污染当量
26	宁夏	应税大气污染物为 1.2 元/污染当量，应税水污染物为 1.4 元/污染当量
27	新疆	应税大气污染物为 1.2 元/污染当量，应税水污染物为 1.4 元/污染当量
28	西藏	应税大气污染物为 1.2 元/污染当量，应税水污染物为 1.4 元/污染当量
29	内蒙古	应税大气污染物：2018 年，1.2 元/污染当量；2019 年，1.8 元/污染当量；2020 年，2.4 元/污染当量。应税水污染物：2018 年，1.4 元/污染当量；2019 年，2.1 元/污染当量；2020 年，2.8 元/污染当量
30	江苏	南京市：应税大气污染物为 8.4 元/污染当量，应税水污染物为 8.4 元/污染当量。 无锡市、常州市、苏州市、镇江市：应税大气污染物为 6 元/污染当量，应税水污染物为 7 元/污染当量。 徐州市、南通市、连云港市、淮安市、盐城市、扬州市、泰州市、宿迁市：应税大气污染物为 4.8 元/污染当量，应税水污染物为 5.6 元/污染当量
31	浙江	应税大气污染物（除四类重金属污染物项目）为 1.2 元/污染当量，四类重金属污染物项目（铬酸雾、汞及其化合物、铅及其化合物、镉及其化合物）为 1.8 元/污染当量。应税水污染物（除五类重金属污染物项目）为 1.4 元/污染当量，五类重金属污染物项目（总汞、总镉、总铬、总砷和总铅）为 1.8 元/污染当量

第四节　计税依据

根据《环境保护税法》第七条的规定，应税污染物的计税依据，按照下列方法确定：①应税大气污染物按照污染物排放量折合的污染当量数确定，②应税水污染物按照污染物排放量折合的污染当量数确定，③应税固体废物按照固体废物的排放量确定，④应税噪声按照超过国家规定标准的分贝数确定。

一、污染当量、污染当量值及污染当量数的概念

污染当量，是指根据污染物或者污染排放活动对环境的有害程度以及处理的技术经济性，衡量不同污染物对环境污染的综合性指标或者计量单位。同一介质相同污染当量的不同污染物，其污染程度基本相同。

污染当量值，体现不同种类污染物排放量在综合考虑其污染危害和治理费用方面的一种等标关系。污染当量值越小，其危害性及治理难度越大。

以污水为例。将污水中的主要污染物化学需氧量（COD_{Cr}）1kg 作为基准，把其他水污染物的一定数量对环境的有害程度、对生物体的毒性以及污染治理费用进行加权综合测算，认为 4kg 的悬浮物（SS）、0.1kg 的石油类、0.05kg 的总氰化物……在排放时的污染危害和污染治理费用的综合效果是相当的，即确定污水中悬浮物（SS）的污染当量值为 4kg、石油类的污染当量值为 0.1kg、总氰化物的污染当量值为 0.05kg……从以上分析可以看出，总氰化物的污染当量值最小，其对环境的有害程度、对生物体的毒性以及污染治理费用是最高的。

废气中各种污染物的当量值也是采取类似方式确定的，即以大气中主要污染物烟尘、二氧化硫为基准，按上述类似方法得出其他污染物的污染当量值。由于环境保护税税制规定只对污水和废气实行多因子总量叠加收税，污染当量值的概念仅在对排放污水和废气计算环境保护税时使用。

《环境保护税法》第八条规定：“应税大气污染物、水污染物的污染当量数，以该污染物的排放量除以该污染物的污染当量值计算。每种应税大气污染物、水污染物的具体污染当量值，依照本法所附《应税污染物和当量值表》执行。”污染当量数就是污染当量的数量，无量纲，是没有单位的。污染当量数是污水或废气中各类污染物折合成污染当量的数量，可以是某一污染物排放量折合的污染当量的数量，也可以是多种污染物排放量折合的污染当量的总数量。

对应税大气污染物、应税水污染物而言，其排放量与污染当量数的换算关系为

污染当量数=污染物的排放量（千克）÷污染物的当量值(千克)

在计算污染物的污染当量数时，需要注意各数量单位之间的换算，即要将污染物排放量的单位转换成与污染当量值的单位一致，再计算污染当量数。

例 6.10 某省 A 企业 3 月向大气中排放二氧化硫 10 千克。计算二氧化硫的污染当量数。(二氧化硫的污染当量值为 0.95 千克)

解析 二氧化硫的污染当量数：10 千克÷0.95 千克≈10.53。

例 6.11 某省 B 企业 8 月向水体直接排放第一类水污染物总汞 10 千克。计算总汞的污染当量数。(总汞的污染当量值为 0.0005 千克)

解析 总汞的污染当量数：10 千克÷0.0005 千克=20000。

对废气或污水中的任意一种污染物而言，1 个当量数污染物的废气或污水治理成本及对环境的危害是相同的。

从以上例子可以看出，虽然二氧化硫和总汞的排放量都是 10 千克，但二氧化硫的污染当量数是 10.53，总汞的污染当量数是 20000。因此，总汞的危害性及治理难度比二氧化硫高得多。

由《环境保护税法》附表二《应税污染物和当量值表》可知，禽畜养殖场牛的污染当量值为 0.1 头，猪的污染当量值为 1 头。可见，1 头牛（1 头/0.1 头=10）和 10 头猪（10 头/1 头=10）的污染当量数相同，也就是说，其污染危害和污染治理费用的综合效果相同。

二、大气污染物、水污染物的计税依据

对于大气污染物、水污染物，应当按照排放量折合的污染当量数确定计税依据，以排放口（排污许可证对无组织排放大气污染物的排放口有具体规定的，从其规定）为计算应税污染物排放量的单位；从两个以上排放口排放污染物的，对每一排放口排放的应税污染物分别计算征收环境保护税；对持有排污许可证的纳税人，按照排污许可证的规定确定其废气、污水排放口。

（一）计税依据确认的一般原则

《环境保护税法》第九条规定：“每一排放口或者没有排放口的应税大气污染物，按照污染当量数从大到小排序，对前三项污染物征收环境保护税。每一排放口的应税水污染物，按照本法所附《应税污染物和当量值表》，区分第一类水污染物和其他类水污染物，按照污染当量数从大到小排序，对第一类水污染物按照前五项征收环境保护税，对其他类水污染物按照前三项征收环境保护税。省、自治区、直辖市人民政府根据本地区污染物减排的特殊需要，可以增加同一排放口征收环境保护税的应税污染物项目数，报同级人民代表大会常务委员会决定，并报全国人民代表大会常务委员会和国务院备案。”

根据《中华人民共和国水污染防治法》及《中华人民共和国大气污染防治法》等法律法规的规定，排放口是指企业事业单位或者其他生产经营者设置的排放污染源的起点，即初始排放污染物的地方，一般以构筑物的形式出现。通俗地讲，大气的排放口一般指烟囱，污水的排放口一般指排水管道。

没有排放口排放应税大气污染物，一般是指无组织排放，即在生产材料准备、工艺反应等非密闭式的生产工艺过程中，污染物通过生产加注、反应、分离等单元操作过程，以蒸发、喷溅等方式逸散到大气中的排放形式。

由《环境保护税法》附表二《应税污染物和当量值表》可知，水污染物划分为第一类水污染物和其他类水污染物。我国早在《工业“三废”排放试行标准》（GBJ 4—73）中就将水污染物分为两类，即第一类物质和第二类物质。《污水综合排放标准》（GB 8978—1996）对水污染物的分类予以确定，规定第一类水污染物是指会在环境或动植物体内长期蓄积，对人体健康产生长远不良影响的物质。其主要特点包括生物累积性、难生物降解、毒性大，危害十分严重。第一类应税水污染物共有 10 种，从其污染当量值的大小可以看出，第一类水污染物的污染当量值大多小于其他类水污染物，其危害性及治理难度更大。

例 6.12 甲企业是火力发电厂，仅有一个废气排放口。监测数据显示，2023 年 3 月，该排放口排放二氧化硫 10 千克、汞及其化合物 1 千克、一般性粉尘 20 千克、氮氧化物 5 千克。请计算并说明该企业 3 月哪几项应税污染物应该缴纳环境保护税。（二氧化硫污染当量值为 0.95 千克，汞及其化合物污染当量值为 0.0001 千克，一般性粉尘污染当量值为 4 千克，氮氧化物污染当量值为 0.95 千克）

解析 二氧化硫污染当量数：10 千克÷0.95 千克≈10.53；

汞及其化合物污染当量数：1 千克÷0.0001 千克=10000；

一般性粉尘污染当量数：20 千克÷4 千克=5；

氮氧化物污染当量数：5 千克÷0.95 千克≈5.26。

按污染当量数排序：汞及其化合物（10000）>二氧化硫（10.53）>氮氧化物（5.26）>一般性粉尘（5）。

按照《环境保护税法》第九条的规定，对每一排放口的应税大气污染物按照污染当量数从大到小排序，对前三项污染物征收环境保护税，则该企业 3 月应对汞及其化合物、二氧化硫以及氮氧化物缴纳环境保护税。

例 6.13 乙企业是化工厂，仅有一个污水排放口且直接向黄海排放污水。监测数据显示，2023 年 3 月，该排放口排放第一类应税污染物情况如下：六价铬 25 千克，总砷 30 千克，总铅 50 千克，总镍 550 千克，总铍 2.5 千克，总铬 75 千克。排放其他类应税污染物情况如下：总氰化物 25 千克，硫化物 1.25 千克，氨氮 125 千克，氟化物 500 千克。请计算并说明该化工厂 3 月应对哪些污染物缴纳环境保护税。（第一类应税污染物污染当量值：六价铬 0.02 千克，总砷 0.02 千克，总铅 0.025 千克，总镍 0.025 千克，总铍 0.01 千克，总铬 0.04 千克。其他类应税污染物污染当量值：总氰化物 0.05 千克，硫化物 0.125 千克，氨氮 0.8 千克，氟化物 0.5 千克）

解析 第一类应税污染物污染当量数如下：

六价铬污染当量数：25 千克÷0.02 千克=1250；

总砷污染当量数：30 千克÷0.02 千克=1500；

总铅污染当量数：50 千克÷0.025 千克=2000；

总镍污染当量数：550 千克÷0.025 千克=22000；

总铍污染当量数：2.5 千克÷0.01 千克=250；

总铬污染当量数：75 千克÷0.04 千克=1875。

第一类应税污染物按污染当量数排序：总镍（22000）>总铅（2000）>总铬（1875）>总砷（1500）>六价铬（1250）>总铍（250）。

其他类应税污染物污染当量数如下：

总氰化物污染当量数：25 千克÷0.05 千克=500；

硫化物污染当量数：1.25 千克÷0.125 千克=10；

氨氮污染当量数：125 千克÷0.8 千克≈156.25；

氟化物污染当量数：500 千克÷0.5 千克=1000。

其他类应税污染物按污染当量数排序：氟化物（1000）>总氰化物（500）>氨氮（156.25）>硫化物（10）。

由于每一排放口的应税水污染物区分第一类水污染物和其他类水污染物，按照污染当量数从大到小排序，对第一类水污染物按照前五项征收环境保护税，对其他类水污染物按照前三项征收环境保护税，且第一类污染物中六价铬和总铬只征收污染当量数高的一项，因此，该化工厂 3 月应当就第一类应税污染物中的总铬、总砷、总铅、总镍、总铍，以及其他类应税污染物中的总氰化物、氟化物、氨氮缴纳环境保护税。

（二）关于部分应税水污染物的具体规定

1. 色度（超标征税）的计税依据

《环境保护税法》第八条明确规定：应税大气污染物、水污染物的污染当量数，以该污染物的排放量除以该污染物的污染当量值计算。根据《财政部 税务总局 生态环境部关于环境保护税有关问题的通知》（财税〔2018〕23 号）的规定，应税水污染物的污染当量数，以该污染物的排放量除以该污染物的污染当量值计算。其中，色度的污染当量数，以污水排放量乘以色度超标倍数再除以适用的污染当量值计算。

色度的污染当量值单位为“吨水·倍”。色度超标倍数的计算公式为

色度超标倍数=（实际色度排放监测值-色度排放标准）÷色度排放标准

例6.14 印染厂色度排放标准为 80 倍，该企业 2024 年 3 月排放污水 30 吨，实际色度排放监测值为 240 倍。计算该企业 2024 年 3 月色度的污染当量数。（色度的污染当量值为 5 吨水·倍）

解析 超标倍数：（240 倍-80 倍）÷80 倍=2；

色度的污染当量数：30 吨水×2 倍÷5 吨水·倍=12。

2. 禽畜养殖业水污染物的计税依据

根据财税〔2018〕23 号文件的规定，禽畜养殖业水污染物的污染当量数，以该禽

畜养殖场的月均存栏量除以适用的污染当量值计算。禽畜养殖场的月均存栏量按月初存栏量和月末存栏量的平均数计算。

例 6.15 某省规模化禽畜养殖场 3 月初猪存栏 1900 头，3 月末猪存栏 2500 头，有一个污水排放口。3 月养殖场应缴纳水环境保护税的计税依据是多少？（猪的污染当量值为 1 头）

解析 该企业月均存栏量：（2500 头+1900 头）÷2=2200 头；

污染当量数：2200 头÷1 头=2200。

需要注意的是，禽畜养殖场、小型企业、饮食娱乐服务业、医院污染当量数计算采用的是特征值法，仅适用于计算无法进行实际监测或者物料衡算的相应行业的水污染物污染当量数，计算出来的当量数就是该纳税人污水当量数的总和，不能区分具体应税水污染物的种类。

3. pH 值的计税依据

《环境保护税法》附表二之“三、pH 值、色度、大肠菌群数、余氯量水污染物污染当量值”中的 pH 值属于超标排放才征税的项目，pH 值为 6~9（含 6、9）属于正常值，6~9 区间之外才属于征税范围，具体征税品目包括 pH 值为（0~1，13~14）、pH 值为（1~2，12~13）、pH 值为（2~3，11~12）、pH 值为（3~4，10~11）、pH 值为（4~5，9~10）、pH 值为（5~6）六项。pH 值的污染当量值单位为“吨污水”（pH 值 5~6 指大于等于 5、小于 6，pH 值 9~10 指大于 9、小于等于 10，其余类推）。

例 6.16 某省 A 企业 3 月排放污水 30 吨，其 pH 值为 9.5。计算该企业 3 月 pH 值的污染当量数。（pH 为 9~10 时的污染当量值为 1 吨污水）

解析 pH 值的污染当量数=30 吨÷1 吨=30。

4. 同类型应税水污染物只征收一项

对于同一排放口的生化需氧量、化学需氧量、总有机碳三项水污染物，选择其中污染当量数最大的一项征收环境保护税，因为这三项都是衡量水中有机污染物的污染程度指标；对于同一排放口的大肠菌群数（属于超标征税的税目）和余氯量（用氯消毒的医院废水），选择其中污染当量数大的一项征收环境保护税，因为二者中一个具有细菌性，另一个具有杀菌性，属于相斥的应税水污染物；第一类水污染物中的六价铬和总铬是表示水中铬含量的不同指标，也选择其污染当量数大的一项征收环境保护税。

例 6.17 丙企业仅有一个污水排放口，且直接向环境排放污水。2018 年 3 月，该排放口共排放生化需氧量 10 千克、化学需氧量 10 千克、总有机碳 10 千克。计算并说明该企业 3 月应当就哪些污染物缴纳环境保护税。（生化需氧量污染当量值为 0.5 千克、化学需氧量污染当量值为 1 千克、总有机碳污染当量值为 0.49 千克）

解析 生化需氧量污染当量数：10 千克÷0.5 千克=20；

化学需氧量污染当量数：10 千克÷1 千克=10；

总有机碳污染当量数：10 千克÷0.49 千克≈20.41。

由于对同一排放口的生化需氧量、化学需氧量、总有机碳三项水污染物只选择其中污染当量数最大的一项进行征税，因此，该企业 2018 年 3 月仅就总有机碳缴纳环境保护税。

（三）两个以上排放口计税依据的确认

根据《环境保护税法实施条例》第八条的规定，从两个以上排放口排放应税污染物的，对每一排放口排放的应税污染物分别计算征收环境保护税；纳税人持有排污许可证的，其污染物排放口按照排污许可证载明的污染物排放口确定。

对于从两个以上排放口排放应税污染物的情形，按以下方法确定计税依据：每一排放口的应税大气污染物，按照污染当量数从大到小排序，对前三项污染物征收环境保护税。每一排放口的应税水污染物，按照《环境保护税法》所附《应税污染物和当量值表》，区分第一类水污染物和其他类水污染物，按照污染当量数从大到小排序，对第一类水污染物按照前五项征收环境保护税，对其他类水污染物按照前三项征收环境保护税。

例 6.18 某省 A 企业有两个大气排放口（甲排放口是生产工艺排放口，乙排放口是燃烧废气排放口）。2018 年 3 月，甲排放口向大气中排放二氧化硫 10 千克、氮氧化物 20 千克、一氧化碳 300 千克、汞及其化合物 1 千克，乙排放口向大气中排放二氧化硫 10 千克、汞及其化合物 1 千克、烟尘 20 千克、氮氧化物 5 千克。计算并说明该企业 3 月应该如何缴纳环境保护税。（二氧化硫污染当量值为 0.95 千克，氮氧化物污染当量值为 0.95 千克，一氧化碳污染当量值为 16.7 千克，汞及其化合物污染当量值为 0.0001 千克，烟尘污染当量值为 2.18 千克。）

解析 A 企业应分别计算各排放口污染物的污染当量数，并进行排序。

甲排放口：

二氧化硫污染当量数：10 千克÷0.95 千克≈10.53；

氮氧化物污染当量数：20 千克÷0.95 千克≈21.05；

一氧化碳污染当量数：300 千克÷16.7 千克≈17.96；

汞及其化合物污染当量数：1 千克÷0.0001 千克=10000。

按污染当量数排序：汞及其化合物（10000）>氮氧化物（21.05）>一氧化碳（17.96）>二氧化硫（10.53）。

因此，甲排放口应就汞及其化合物、氮氧化物、一氧化碳缴纳环境保护税。

乙排放口：

二氧化硫污染当量数：10 千克÷0.95 千克≈10.53；

汞及其化合物污染当量数：1 千克÷0.0001 千克=10000；

烟尘污染当量数：20 千克÷2.18 千克≈9.17；

氮氧化物污染当量数：5 千克÷0.95 千克≈5.26。

按污染当量数排序：汞及其化合物（10000）>二氧化硫（10.53）>烟尘

(9.17) >氮氧化物 (5.26)。

因此，乙排放口应就汞及其化合物、二氧化硫、烟尘缴纳环境保护税。

（四）固体废物的计税依据

根据《环境保护税法实施条例》第五条的规定，应税固体废物的计税依据按照固体废物的排放量确定。固体废物的排放量为当期应税固体废物的产生量减去当期应税固体废物的贮存量、处置量、综合利用量的余额。

这里所称固体废物的“贮存量、处置量”，是指在符合国家和地方环境保护标准的设施、场所贮存或者处置的固体废物数量，其贮存、处置的方式应符合环境保护部公布的《一般工业固体废物贮存、处置场污染控制标准》（GB 18599—2001）［2020 年 7 月 1 日以后被《一般工业固体废物贮存和填埋污染控制标准》（GB 18599—2020）替代］、《危险废物贮存污染控制标准》(GB 18597—2001) ［2023 年 7 月 1 日以后被《危险废物贮存污染控制标准》（GB 18597—2023）替代］、《危险废物收集、贮存、运输技术规范》（HJ 2025—2012）、《危险废物填埋污染控制标准》（GB 18598—2001）［2020 年 6 月 1 日以后被《危险废物填埋污染控制标准》（GB 18598—2019）替代］；固体废物的“综合利用量”，是指按照工业和信息化部发布的《中华人民共和国工业和信息化部公告》（公告 2018 年第 26 号）的要求，以及国家和地方环境保护标准进行综合利用的固体废物数量，主要体现了《中华人民共和国固体废物污染环境防治法》提出的减量化、资源化、无害化原则。

固体废物的排放量为纳税人产生应税固体废物的数量依次扣减贮存、处置、综合利用量的余额，通过计量和记录，可以实现对应税固体废物排放的链条式跟踪和闭环管理。

1. 当期固体废物的产生量

当期固体废物的产生量，是指纳税人当期产生固体废物的数量。这里的当期，是指当月。

2. 当期固体废物的贮存量、处置量、综合利用量

根据《环境保护税法实施条例》第五条和财税〔2018〕23 号文件的规定，应税固体废物的排放量为当期应税固体废物的产生量减去当期应税固体废物贮存量、处置量、综合利用量的余额。纳税人应当准确计量应税固体废物的贮存量、处置量和综合利用量，未准确计量的，不得从其应税固体废物的产生量中减去。纳税人依法将应税固体废物转移至其他单位和个人进行贮存、处置或者综合利用的，固体废物的转移量相应计入其当期应税固体废物的贮存量、处置量或者综合利用量。

纳税人申报纳税时，应当向税务机关报送应税固体废物的产生量、贮存量、处置量和综合利用量，同时报送能够证明固体废物流向和数量的纳税资料，包括固体废物处置利用委托合同、受委托方资质证明、固体废物转移联单、危险废物管理台账复印件等。有关纳税资料已在环境保护税基础信息采集表中发生变化的，纳税人不再报送。

纳税人应当参照危险废物台账管理要求，建立其他应税固体废物管理台账，如实记录产生固体废物的种类、数量、流向以及贮存、处置、综合利用、接收转入信息，并将应税固体废物管理台账和相关资料留存备查。

当期固体废物的贮存量、处置量、综合利用量，是指纳税人当月对应税固体废物进行贮存、处置、综合利用的全部数量。也就是说，当期贮存、处置或综合利用量，是指当期产生的固体废物中用于贮存、处置或综合利用的数量，与纳税人当期实际发生的贮存、处置或综合利用量是不同的口径。因此，纳税人固体废物排放量不会出现负数。

综上所述，当期应税固体废物排放量=当期固体废物产生量-当期固体废物贮存量-当期固体废物处置量-当期固体废物综合利用量。

例 6.19 某发电厂是环境保护税纳税人，在生产过程中产生固体废物粉煤灰。该厂 2018 年 3 月在生产过程中共产生粉煤灰 100 吨，当月符合规定转移粉煤灰至其他单位进行综合利用 90 吨（其中 3 月产生的粉煤灰为 60 吨）。计算该发电厂 3 月应税固体废物的排放量。

解析 当月固体废物的产生量 100 吨-当月产生量中的综合利用量 60 吨=40 吨。

该发电厂 3 月应税固体废物的排放量为 40 吨。

例 6.20 某矿山 2018 年 3 月产生尾矿 1000 吨，其中在符合国家和地方环境保护标准的设施贮存 200 吨，综合利用的尾矿 300 吨（符合国家和地方环境保护标准）。计算该矿山 3 月尾矿的排放量。

解析 当月尾矿的产生量 1000 吨-当月产生量中的贮存量 200 吨-当月产生量中的综合利用量 300 吨=500 吨。

该矿山 3 月尾矿的排放量为 500 吨。

需要注意的是，工业和信息化主管部门具体负责固体废物综合利用的业务指导与管理。原则上，纳税人综合利用固体废物，应当提交符合县级以上工业和信息化主管部门对综合利用产品的有关技术条件与管理要求的证明材料。在进行纳税申报时，当期固体废物的贮存量、处置量和综合利用量填在《环境保护税税源明细表》中“申报计算及减免信息”部分。

对排放的固体废物，只能作为一次计税依据，即只能将新产生的污染环境的应税固体废物排放量作为计税依据，不能重复收税。

（五）噪声的计税依据

对于噪声，应当按照超过国家规定标准的分贝数确定计税依据。

噪声的国家规定标准是《工业企业厂界环境噪声排放标准》（GB 12348—2008），厂界外声环境功能区划分为 0、1、2、3、4 五类（见表 6.4）。具体如下：

表 6.4 厂界外声环境功能区噪声排放标准

单位：分贝

功能区	噪声排放标准	
	昼间	夜间
0	50	40
1	55	45
2	60	50
3	65	55
4	70	55

0 类功能区，指康复疗养区等特别需要安静的区域；

1 类功能区，指以居住、医疗卫生、文化教育、科研设计、行政办公为主要功能，需要保持安静的区域；

2 类功能区，指以商业金融、集市贸易为主要功能或者居住、商业、工业混杂，需要维持住宅安静的区域；

3 类功能区，指以工业生产、仓储物流为主要功能，需要防止工业噪声对周围环境产生严重影响的区域；

4 类功能区，指交通干线道路两侧一定距离之内，需要防止交通噪声对周围环境产生严重影响的区域。

《环境保护税法》规定，仅对工业噪声征收环境保护税，工业噪声按超过国家规定标准的分贝数确定每月税额。这里所称“超过国家规定标准的分贝数”，是指实际产生的工业噪声与国家规定的工业噪声排放标准限值之间的差值。

（六）环境保护税的惩罚性规定

根据《环境保护税法实施条例》第六条的规定，纳税人有下列情形之一的，以其当期应税固体废物的产生量作为固体废物的排放量：

（1）非法倾倒应税固体废物；

（2）进行虚假纳税申报。

这里所称“非法倾倒应税固体废物”，主要是指未按照《中华人民共和国固体废物污染环境防治法》的相关规定处理的应税固体废物。该规定在一定程度上体现了对虚假申报以及环境违法排放行为的惩罚性质。

例 6.21 某化工厂 2018 年 3 月产生危险废物 20 吨，其中合规处置 15 吨（符合国家和地方环境保护标准），但经检查发现该企业有非法倾倒危险废物的情形。计算并说明该企业 3 月应如何缴纳环境保护税。

解析 存在非法倾倒应税固体废物情形的，以其当期应税固体废物的产生量作为固体废物的排放量，也就是说，不考虑其合规处置的部分。

该企业 3 月应缴纳的环境保护税：20 吨×1000 元/吨＝20000 元。

《环境保护税法实施条例》第七条第二款规定，纳税人有下列情形之一的，以其当期应税大气污染物、水污染物的产生量作为污染物的排放量：①未依法安装使用污染物自动监测设备或者未将污染物自动监测设备与环境保护主管部门的监控设备联网；②损毁或者擅自移动、改变污染物自动监测设备；③篡改、伪造污染物监测数据；④通过暗管、渗井、渗坑、灌注或者稀释排放以及不正常运行防治污染设施等方式违法排放应税污染物；⑤进行虚假纳税申报。

以上规定强化了环境保护相关法律法规与《环境保护税法》的一致性，在一定程度上体现了《环境保护税法》对纳税人虚假申报以及环境违法排放行为的惩罚性质。

《排污许可证申请与核发技术规范 总则》（HJ 942—2018）中“9.2 废气”部分明确提出：要求采用自动监测的排放口或污染物项目而未采用的以及自动监测设备不符合规定的，采用物料衡算法核算二氧化硫排放量，根据原辅燃料消耗量、含硫率，按直排进行核算。采用产排污系数法核算颗粒物、氮氧化物、挥发性有机物等污染物实际排放量，根据单位产品污染物的产生量，按直排进行核算。

“9.3 废水”部分明确提出：要求采用自动监测的排放口或污染物项目而未采用的以及自动监测设备不符合规定的，采用产排污系数法核算化学需氧量、氨氮等污染物实际排放量，按直排进行核算。

如果发生上述五种情况，其污染物的排放量均应按照物料衡算法或者产排污系数法按直接排放进行核算，不能使用在线监测或者委托性监测报告数据计算环境保护税。

《排污许可证申请与核发技术规范 总则》（HJ 942—2018）中“9.2.1 正常情况”要求，“二氧化硫、氮氧化物、颗粒物在线监测数据缺失时段超过25%的，自动监测数据不能作为核算实际排放量的依据，实际排放量按照‘要求采用自动监测的排放口或污染物项目而未采用’的相关规定进行核算，其他污染物在线监测数据缺失情形可参照核算，环境保护部另有规定的从其规定”，即缺失时段超过25%也需要用产生量进行计算。

需要注意的是，按产生量计征环境保护税是按全部排放口计算还是按单一排放口计算或按单一污染物计算，目前还不能明确，需要视具体的违法行为确定。

（七）排污许可与环境保护税税源（排放口）的关系

《环境保护税法实施条例》第八条规定，从两个以上排放口排放应税污染物的，对每一排放口排放的应税污染物分别计算征收环境保护税；纳税人持有排污许可证的，其污染物排放口按照排污许可证载明的污染物排放口确定。

《固定污染源排污许可分类管理名录（2019年版）》明确规定，国家根据排放污染物的企业事业单位和其他生产经营者（简称“排污单位”）污染物产生量、排放量、对环境的影响程度等因素，实行排污许可重点管理、简化管理和登记管理。对污染物产生量、排放量或者对环境的影响程度较大的排污单位，实行排污许可重点管理。对污染物产生量、排放量和对环境的影响程度较小的排污单位，实行排污许可简化管理。对污染物产生量、排放量和对环境的影响程度很小的排污单位，实行排污登记管理。实行登记管理的排污单位，不需要申请取得排污许可证，应当在全国排污许可证管理信息平台填报排污登记表，登记基本信息、污染物排放去向、执行的污染物排放标准以及采取的污染防治措施等。2019 年版名录共包含 108 个行业类别（涉及国民经济行业分类中 49 个大类、212 个中类、706 个小类）和 4 个通用工序，因此大部分排污企业在排污许可管理范畴内。基本原则如下：①排污许可证上载明的所有直接排放口均是环境保护税的税源，应全部纳入基础信息采集（雨水排放口除外）；②排污许可证中载明的无组织排放设施或者工艺段也是环境保护税的税源，应全部纳入基础信息采集；③取得排污许可证的排污单位是环境保护税的纳税人，应纳入纳税人管理；④纳入登记管理的排污单位也是环境保护税的纳税人，应纳入纳税人管理；⑤除排放口信息以外，排污许可证上载明的无组织排放的应税污染物也要纳入基础信息采集。

需要注意的是，缺少排放口采集和纳税人管理意味着税款流失。

（八）排污许可证与环境保护税关联的内容

排污许可证与环境保护税关联的内容包括：①排放口编号和名称；②排放口排放污染物的种类；③排放口排放污染物种类的排放标准与限值；④无组织排放源名称；⑤无组织排放的污染物种类；⑥执行报告（按季度和年）；⑦自行监测方案及污染物监测的频次指标。

第五节　计量方式的确定

一、计量的方法与顺序

《环境保护税法》第十条规定："应税大气污染物、水污染物、固体废物的排放量和噪声的分贝数，按照下列方法和顺序计算：

"（一）纳税人安装使用符合国家规定和监测规范的污染物自动监测设备的，按照污染物自动监测数据计算；

"（二）纳税人未安装使用污染物自动监测设备的，按照监测机构出具的符合国家有关规定和监测规范的监测数据计算；

"（三）因排放污染物种类多等原因不具备监测条件的，按照国务院生态环境主管部门规定的排污系数、物料衡算方法计算；

"（四）不能按照本条第一项至第三项规定的方法计算的，按照省、自治区、直辖市人民政府生态环境主管部门规定的抽样测算的方法核定计算。"

也就是说，根据《环境保护税法》的规定，计算应税大气污染物、水污染物、固体废物的排放量和噪声分贝数的方法与顺序为：自动监测数据，监测机构监测数据，排污系数法，物料衡算法，以及抽样测算的方法。

二、自动监测

（一）术语定义

污染物自动监测设备，是指在污染源现场安装的用于监控、监测污染物排放的在线自动监测仪、流量（速）计、污染治理设施运行记录仪和数据采集传输仪器、仪表、传感器等设备。

水污染源在线监测系统，是由实现水污染源流量监测、水污染源水样采集、水污染源水样分析及分析数据统计与上传等功能的软硬件设施组成的系统。

水污染源在线监测仪器，是指水污染源在线监测系统中用于在线连续监测污染物浓度和排放量的仪器、仪表。

水污染源有效数据，是指水污染源在线监测系统正常采样监测时段获得的经审核符合质量要求的数据。

烟气排放连续监测系统（CEMS），是指连续监测固定污染源颗粒物和（或）气态污染物排放浓度与排放量所需的全部设备。

烟气有效小时均值，是指整点1小时内不少于45分钟的有效数据的算术平均值。

烟气比对监测，是指用国家或行业发布的标准方法，与CEMS测量结果进行对比，对正常运行的CEMS准确度进行抽检。

（二）具体要求

纳税人安装使用符合国家规定和监测规范的污染物自动监测设备的，按照污染物自动监测数据计算。这里要注意的是，自动监测设备要符合国家规定和监测规范。

国家规定和监测规范包括《固定污染源烟气（SO_2、NO_x、颗粒物）排放连续监测技术规范》（HJ 75—2017）、《水污染源在线监测系统（COD_{Cr}、NH_3-N等）数据有效性判别技术规范》（HJ 356—2019）［替代《水污染源在线监测系统数据有效性判别技术规范（试行）》（HJ/T 356—2007）］、《水污染源在线监测系统（COD_{Cr}、NH_3-N等）运行技术规范》（HJ 355—2019）［替代《水污染源在线监测系统运行与考核技术规范（试行）》（HJ/T 355—2007）］等。国家规定和监测规范的核心是确保纳税人自动监测设备经过验收，通过定期校验和数据修约，并能与生态环境主管部门联网。

1. 验收

验收，是指在线数据和生态环境主管部门实现同步传输后，被生态环境主管部门认同设备安装和数据合法性的过程。通常一套在线装置有一份验收报告。

通过验收证明在线装置安装合法，数据可与生态环境主管部门联网，被生态环境主管部门认可；未通过验收，则相反。

2. 定期校验、比对试验

CEMS投入使用后，燃料、除尘效率的变化、水分的影响、安装点的震动等都会对测试结果的准确性产生影响，因此，定期校验要做到：有自动校准功能的测试单元每六个月至少做一次校验，没有自动校准功能的每三个月至少做一次校验。《污染源自动监测设备比对监测技术规定（试行）》第六章第二条第一款规定，对国家重点监控企业安装的固定污染源烟气 CEMS 的比对监测每年至少四次，每季度至少一次。

从 2020 年 3 月 24 日起，水污染源自动监测系统针对 pH、COD_{Cr}、TOC、NH_3-N、TP 水质自动分析仪应每月至少进行一次实际水样比对试验。每季度至少用便携式明渠流量计比对装置对现场安装使用的超声波明渠流量计进行一次比对试验。2020 年 3 月 24 日以前，每月除进行规定的实际水样比对试验和质控样试验外，每季度做一次现场校验。

3. 数据修约

《财政部 税务总局 生态环境部关于明确环境保护税应税污染物适用等有关问题的通知》（财税〔2018〕117 号）要求：纳税人按照规定须安装污染物自动监测设备并与生态环境主管部门联网的，当自动监测设备发生故障、设备维护、启停炉、停运等状态时，应当按照相关法律法规和《固定污染源烟气（SO_2、NO_x、颗粒物）排放连续监测技术规范》（HJ 75—2017）、《水污染源在线监测系统（COD_{Cr}、NH_3-N 等）数据有效性判别技术规范》（HJ 356—2019）［替代《水污染源在线监测系统数据有效性判别技术规范（试行）》（HJ/T 356—2007）］等的规定，对数据状态进行标记，以及对数据缺失、无效时段的污染物排放量进行修约和替代处理，并按标记、处理后的自动监测数据计算应税污染物排放量。相关纳税人当月不能提供符合国家规定和监测规范的自动监测数据的，应当按照排污系数、物料衡算方法计算应税污染物排放量。纳入排污许可管理行业的纳税人，其应税污染物排放量的监测计算方法按照排污许可管理要求执行。

CEMS 发生故障需停机维修时，其维修期间的数据按表 6.5 执行，修约的是污染物排放量，污染物浓度和烟气参数不修约。也可用参比方法监测的数据替代，频率不低于一天一次。如采用参比方法，替代数据包括污染物浓度、烟气参数和污染物排放量。

表 6.5　失控时段的数据处理方法

季度有效数据捕集率 a	连续失控小时数 N（h）	修约参数	选取值
$\alpha \geq 90\%$	$N \leq 24$	二氧化硫、氮氧化物和颗粒物排放量	上次校准前 180 个有效小时排放量最大值
	$N > 24$	二氧化硫、氮氧化物和颗粒物排放量	上次校准前 720 个有效小时排放量最大值
$75\% \leq \alpha < 90\%$	—	二氧化硫、氮氧化物和颗粒物排放量	上次校准前 2160 个有效小时排放量最大值

CEMS 有计划的维修保养、校准及其他异常导致的数据无效时段，按表 6.6 处理，

污染物浓度和烟气参数不修约。

表 6.6 维护期间和其他异常导致的数据无效时段的处理方法

季度有效数据捕集率 a	连续失控小时数 N（h）	修约参数	选取值
$\alpha \geq 90\%$	$N \leq 24$	二氧化硫、氮氧化物和颗粒物排放量	失效前 180 个有效小时排放量最大值
	$N>24$	二氧化硫、氮氧化物和颗粒物排放量	失效前 720 个有效小时排放量最大值
$75\% \leq \alpha<90\%$	—	二氧化硫、氮氧化物和颗粒物排放量	失效前 2160 个有效小时排放量最大值

在水污染源在线监测仪器正常采样监测时段，当 COD_{Cr}、NH_3-N、TP 监测值判断为无效数据且无法计算有效日均值时，其污染物日排放量可以用上次校准校验合格时刻前 30 个有效日排放量中的最大值进行替代，污染物浓度和流量不进行替代。

在水污染源在线监测仪器非正常采样监测时段，当 COD_{Cr}、NH_3-N、TP 监测值判断为无效数据且无法计算有效日均值时，优先使用人工监测数据进行替代，每天获取的人工监测数据应不少于四次，替代数据包括污染物日均浓度、污染物日排放量。如无人工监测数据替代，其污染物日排放量可以用上次校准校验合格时刻前 30 个有效日排放量中的最大值进行替代，污染物浓度和流量不进行替代。

水污染源在线监测流量为零时的无效数据不进行替代。

（三）安装模式

污染物自动监测设备的安装分为两种：一种是强制要求安装在线；另一种是主动安装在线。

强制要求安装在线：主要体现在其行业排污许可证申请和核发技术规范中的监测频次，要求是连续监测的，就是强制要求安装的范围，或者是地方政府出于环境管理和减排工作需要下发的文件中要求安装的。

强制要求安装在线的没有安装或者安装了没有跟生态环境主管部门进行联网的，应该使用产生量计算环境保护税（《环境保护税法实施条例》第七条）。污染物产生量需要使用物料衡算或者系数法进行计算。

主动安装在线：在排污许可证申请和核发技术规范中，没有提出连续监测要求，地方政府也没有相关命令，纳税人出于工艺及环境管理的要求，主动安装固定污染源自动监测设备。

纳税人主动安装使用符合国家规定和监测规范的污染物自动监测设备，但未与生态环境主管部门联网的，可以按照自动监测数据计算应税污染物排放量；不能提供符合国家规定和监测规范的自动监测数据的，应当按照监测机构出具的符合监测规范的监测数据或者排污系数、物料衡算方法计算应税污染物排放量。

（四）计算公式

第一，使用在线监测数据计算当期应税大气污染物排放量。应使用符合监测规范的有效自动监测数据污染物的小时平均排放浓度、小时烟气量、运行时间核算污染物实际排放量，计算公式为

$$E_{月排放量} = \sum_{i}^{S_i} (p_i \times L_i) \times 10^{-6}$$

式中：$E_{月排放量}$——核算当期主要排放口某项大气污染物的实际排放量，kg；

S_i——核算时段内某污染物的排放时间，h；

p_i——某项大气污染物第 i 小时标态干烟气实测小时排放质量浓度，mg/m³；

L_i——某项大气污染物第 i 小时标态干烟气量，m³/h。

因自动监控设施发生故障以及其他情况导致数据缺失的，按照《固定污染源烟气（SO_2、NO_x、颗粒物）排放连续监测技术规范》（HJ 75—2017）进行补遗。缺失时段超过25%的，自动监测数据不能作为核算实际排放量的依据，排污单位提供充分证据证明在线数据缺失、数据异常等不是排污单位责任的，可按照排污单位提供的手工监测数据等核算实际排放量，或者按照上一个半年申报期间的稳定运行期间自动监测数据的小时浓度均值和半年平均烟气量或流量，核算数据缺失时段的实际排放量。

第二，使用在线监测数据计算当期应税水污染物排放量。应使用符合监测规范的有效自动监测数据污染物的日平均排放浓度、日排水量、运行时间核算污染物实际排放量，计算公式为

$$E_{月排放量} = \sum_{i=1}^{n} (C_i \times Q_i) \times 10^{-3}$$

式中：$E_{月排放量}$——核算时段内废水排放口某项污染物的实际排放量，kg；

C_i——某项污染物在第 i 日的实测日平均排放浓度，mg/L；

Q_i——第 i 日的流量，m³/d；

n——核算时段内的污染物排放时间，d。

当自动监测数据由于某种原因出现中断或其他情况时，根据《水污染源在线监测系统（COD_{Cr}、NH_3-N 等）运行技术规范》（HJ 356—2019）等予以补遗。

污水排放量，是指相应污水排放口的总排放量（体积）。它包括外排的生产废水、厂区生活污水、直接冷却水、矿井水等，不包括独立外排的间接冷却水（清污不分流的间接冷却水应计算在内）。

（五）注意事项

使用在线数据计算环境保护税的核心就是大气污染物排放量等于污染物的小时均值的月平均值与月总烟气量的乘积（申报表中的公式，实际上就是每个小时的排放量之和）。

水污染物排放量等于日均值的月平均值与月排水量的乘积。

纳税人申报及生态环境主管部门传给税务机关的在线数据应该为大气小时均值日报表、水日均值月报表。

大气污染物实测浓度用于计算环境保护税，折算浓度用于考虑是否具备减税条件。两者的用途不能混淆。

水污染物不分折算浓度和实测浓度。

三、监测机构监测

纳税人未安装使用污染物自动监测设备的，污染物排放量按照监测机构出具的符合国家有关规定和监测规范的监测数据计算。符合国家有关规定和监测规范，主要是指具备 CMA 认证资格的第三方专业监测机构出具的监测报告。

（一）CMA 认证的种类

中国计量认证（CMA），是根据《中华人民共和国计量法》的规定，由省级以上人民政府计量行政部门对检测机构的检测能力及可靠性进行的一种全面的认证及评价。这种认证的对象是所有对社会出具公正数据的产品质量监督检验机构及各类实验室。所有对社会出具公正数据的产品质量监督检验机构及各类实验室必须取得 CMA 认证，才能合法地从事检测检验工作，并在检验报告上使用 CMA 标记。有 CMA 标记的检验报告可用于产品质量评价、成果及司法鉴定，具有法律效力。

目前有两种通过 CMA 认证的检测机构：一种是由计量行政主管部门在计量认证后发放的具有 CMA 认证资格，并且在生态环境主管部门报备的，如生态环境监测中心等；另一种是计量行政部门在计量认证后发放的具有 CMA 认证资格，没在生态环境主管部门报备的，如各单位自建的实验室、高校实验室等。

第一种出具的监测报告中的数据可以直接用于纳税人环境保护税的核算，第二种视同监测机构处理的情形。《环境保护税法实施条例》第九条规定，纳税人“自行对污染物进行监测所获取的监测数据，符合国家有关规定和监测规范的，视同环境保护税法第十条第二项规定的监测机构出具的监测数据”，即纳税人自建的企业内部实验室使用符合国家环境监测、量值溯源规定、计量认证规定和技术规范的监测设备，依法进行污染物监测获取的数据，虽然是企业内部监测数据，但等同于具备资质的专业第三方监测机构出具的数据。

企业自建实验室如果没有取得 CMA 认证，但采用国标监测方法、数据记录符合生态环境法律法规的相关要求，该情况目前可以作为环境管理证据的一部分，但相关文件明确前，还不能作为环境保护税的计税凭证。

（二）具体要求

纳税人委托监测机构对应税大气污染物和水污染物排放量进行监测时，其当月同一个排放口排放的同一种污染物有多个监测数据的，应税大气污染物按照监测数据的平均值计算应税污染物的排放量，应税水污染物按照监测数据以流量为权的加权平均值计算应税污染物的排放量。在生态环境主管部门规定的监测时限内当月无监测数据的，可以跨月沿用最近一次的监测数据计算应税污染物排放量。纳入排污许可管理行业的纳税人，其应税污染物排放量的监测计算方法按照排污许可管理要求执行。

当纳税人当月既有委托性监测数据，又有执法监测数据时，优先使用执法监测数据计算环境保护税。

纳税人委托监测机构监测应税污染物排放量的，应当按照国家有关规定制定监测方案，并将监测数据资料及时报送生态环境主管部门。监测机构实施的监测项目，在方法、时限和频次等方面应当符合国家有关规定与监测规范要求。监测机构出具的监测报告应当包括应税水污染物的种类、浓度值和污水流量，应税大气污染物的种类、浓度值、排放速率和烟气量，执行的污染物排放标准和排放浓度限值等信息。监测机构对监测数据的真实性、合法性负责，凡发现监测数据弄虚作假的，依照相关法律法规的规定追究法律责任。

纳税人采用委托监测方式，在规定监测时限内当月无监测数据的，可以沿用最近一次的监测数据计算应税污染物排放量，但不得跨季度沿用监测数据。有关污染物监测浓度值低于生态环境主管部门规定的污染物检出限的，除有特殊管理要求外，视同该污染物排放量为零。生态环境主管部门、计量主管部门发现委托监测数据失真或者弄虚作假的，税务机关应当按照同一纳税期内的监督性监测数据或者排污系数、物料衡算方法计算应税污染物排放量。

国家税务总局发布的《关于进一步做好环境保护税服务和管理工作的通知》（税总发〔2023〕48 号）要求：对采用监测数据计算污染物排放量的纳税人，各地税务机关要辅导纳税人按照监测方案列明的污染物排放量计算方法规范填写税源基础信息，与生态环境主管部门的计算方法保持一致。有条件的地区，税务机关要会同生态环境主管部门对监测方案开展分析研判，对达不到监测条件的纳税人，应指导其采用排污系数、物料衡算方法计算环境保护税。要积极推动监测报告格式的统一规范，列明列全应税污染物监测的基本数据项，以准确计算应纳税额和减免税额。

需要强调的是，纳税人必须满足排污许可证中明确的各排放口的监测频次与监测指标。在满足排污许可证中自行监测方案的情况下，考虑是否适用监测数据计算环境保护税的要求；如果不满足使用监测数据计算的条件，应指导其采用排污系数、物料衡算方法计算环境保护税。

（三）计算公式

第一，使用手工监测数据计算当期应税大气污染物排放量。应使用每次手工监测时段内污染物的小时平均排放浓度、小时烟气量、运行时间核算污染物实际排放量，其当月同一个排放口排放的同一种污染物有多个监测数据的，应税大气污染物按照监测数据的平均值计算应税污染物的排放量，计算公式为

$$E_{月排放量}=\sum_{i}^{S_i}(p_i \times L_i \times T)\times 10^{-6}$$

式中：$E_{月排放量}$——核算当期主要排放口某项大气污染物的实际排放量，kg；

S_i——核算时段内某污染物的排放时间，h；

p_i——某项大气污染物第 i 小时标态干烟气实测小时排放质量浓度，mg/m^3；

L_i——某项大气污染物第 i 小时的排气量（标态），m^3/h；

T——第 i 监测时段内排放口累计运行时间，h。

第二，使用监测数据计算当期应税水污染物排放量。应使用每次监测时段内污染物的日平均排放浓度、日排水量、运行时间核算污染物实际排放量，其当月同一个排放口排放的同一种污染物有多个监测数据的，应税水污染物按照监测数据以流量为权的加权平均值计算应税污染物的排放量，计算公式为

$$E_{月排放量}=\sum_{i=1}^{n}(C_i \times Q_i \times T)\times 10^{-3}$$

式中：$E_{月排放量}$——核算时段内废水排放口某项污染物的实际排放量，kg；

C_i——某项污染物在第 i 日的实测日平均排放浓度，mg/L；

Q_i——第 i 监测时段的流量，m^3/d；

T——累计排放时间，d。

四、采用物料衡算方法和产排污系数法计算

物料衡算方法，是指根据质量守恒定律，利用物料数量或元素数量在输入端和输出端之间的平衡关系核算污染物实际排放量的方法。

产排污系数法，是指根据单位产品污染物的产生量和排放量，核算污染物实际排放量的方法。相关产排污系数参考《未纳入排污许可管理行业适用的排污系数、物料衡算方法（试行）》（2021 年 4 月以前）、《污染源普查产排污系数手册》（2021 年 5—6 月）和《排放源统计调查制度规定的排（产）污系数方法》（2021 年 7 月以后）。

因排放污染物种类多等不具备监测条件的，按照国务院生态环境主管部门规定的排污系数、物料衡算方法计算。

根据财税〔2018〕23 号文件的规定，因排放污染物种类多等不具备监测条件的，纳税人应当按照《关于发布计算环境保护税应税污染物排放量的排污系数和物料衡算方法的公告》（生态环境部 财政部 国家税务总局公告 2021 年第 16 号，自 2021 年 5 月 1 日起施行，替代原环境保护部公告 2017 年第 81 号《关于发布计算污染物排放量的排污系数和物料衡算方法的公告》）的规定计算应税污染物排放量。其中，相关行业适用的排污系数方法中产排污系数为区间值的，纳税人结合实际情况确定具体适用的产排污系数值；纳入排污许可管理行业的纳税人按照排污许可证的规定确定。生态环境

部尚未规定适用排污系数、物料衡算方法的，由各省、自治区、直辖市生态环境主管部门结合本地实际情况，科学合理制定抽样测算方法（替代暂由纳税人参照缴纳排污费时依据的排污系数、物料衡算方法及抽样测算方法计算应税污染物的排放量）。

《关于发布计算环境保护税应税污染物排放量的排污系数和物料衡算方法的公告》（生态环境部 财政部 国家税务总局公告 2021 年第 16 号）规定如下：①属于排污许可管理的排污单位，适用生态环境部发布的排污许可证申请与核发技术规范中规定的排（产）污系数、物料衡算方法计算应税污染物排放量；排污许可证申请与核发技术规范未规定相关排（产）污系数的，适用生态环境部发布的排放源统计调查制度规定的排（产）污系数方法计算应税污染物排放量。②不属于排污许可管理的排污单位，适用生态环境部发布的排放源统计调查制度规定的排（产）污系数方法计算应税污染物排放量。③上述情形中仍无相关计算方法的，由各省、自治区、直辖市生态环境主管部门结合本地实际情况，科学合理制定抽样测算方法。④本公告自 2021 年 5 月 1 日起施行，《关于发布计算污染物排放量的排污系数和物料衡算方法的公告》（环境保护部公告 2017 年第 81 号）同时废止。《财政部 税务总局 生态环境部关于环境保护税有关问题的通知》（财税〔2018〕23 号）第一条第二款同时改按本公告规定执行。生态环境部将适时对排污许可证申请与核发技术规范、排放源统计调查制度规定的排（产）污系数、物料衡算方法进行制（修）订，排污单位自制（修）订后的排（产）污系数、物料衡算方法实施之日的次月起（未明确实施日期的，以发布日期为实施日期），依据新的系数和方法计算应税污染物排放量。

需要注意的是，生态环境部发布的《未纳入排污许可管理行业适用的排污系数、物料衡算方法（试行）》《污染源普查产排污系数手册》《排放源统计调查制度规定的排（产）污系数方法》中的产排污系数及物料衡算方法涉及的污染物主要是生态环境部重点监管的污染物，即污水中的 COD_{Cr}和氨氮，废气中的二氧化硫、颗粒物、氮氧化物和挥发性有机物。其中，挥发性有机物不是应税污染物，颗粒物要根据实际排放情况确定是一般性粉尘、烟尘还是碳黑尘等。生态环境部并未发布其余应税大气污染物和应税水污染物的排放量测算方法。因此，相关部门应继续补充出台相关政策，真正解决目前环境保护税核算方面的难题。

五、采用抽样测算方法

应税污染物排放量不能按照《环境保护税法》第十条第（一）项至第（三）项规定的方法计算的，按照省、自治区、直辖市人民政府环境保护主管部门规定的抽样测算方法进行核定计算。作为排污系数及物料衡算方法的有效补充，目前全国 31 个省份（不包括香港、澳门和台湾）均出台了抽样测算方法。

各地的抽样测算方法基本涵盖了建筑施工工地扬尘、煤炭装卸及小型三产的排污系数及物料衡算方法。

六、实际征管中可能出现的情形

除依《环境保护税法》规定顺序适用排放量计算方法外，在实际征管的过程中，以下几种情形也是合理的：

第一，同一纳税人可能会同时采用几种计算方法。例如，纳税人对应税大气污染物采用自动监测方法计算环境保护税，而对应税水污染物采用委托监测方法计算环境保护税。

第二，纳税人对于不同排放口排放的同一污染物可能采用不同的计算方法。例如，纳税人有两个大气排放口，一个安装自动监测设备，另一个未安装，所以一个采用在线数据计算，另一个采用监测数据计算。

第三，同一排放口不同污染物的监测方法也可能不同。例如，纳税人有污水排放口，COD_{Cr}、NH_3-N 安装了自动监测设备，所以采用在线数据，而 SS 等其他污染物使用监测数据计算。

第四，纳税人的申报数据与生态环境主管部门交送的数据可能出现不一致的情形。如果纳税人的执法数据与委托监测数据不一致，以执法数据为准。

第五，纳税人虽安装了污染物自动监测设备，但由于不符合国家规定和监测规范，比如在线监测设备没有按时比对、数据没有进行修约，只能用物料衡算或排污系数方法计算环境保护税。

第六节　应纳税额的计算

根据《环境保护税法》第十一条的规定，环境保护税应纳税额按照下列方法计算：①应税大气污染物的应纳税额为污染当量数乘以具体适用税额；②应税水污染物的应纳税额为污染当量数乘以具体适用税额；③应税固体废物的应纳税额为固体废物排放量乘以具体适用税额；④应税噪声的应纳税额为超过国家规定标准的分贝数对应的具体适用税额。

一、计算环境保护税的步骤

（一）确定纳税人环境保护税税源（排放口）个数

1. 大气和水税源（排放口）的确定方法

纳税人环境保护税税源（排放口）的确定是环境保护税能否足额、准确申报的基础。从两个以上排放口排放应税污染物的，对每一排放口排放的应税污染物分别计算征收环境保护税；纳税人持有排污许可证的，其污染物排放口按照排污许可证载明的污染物排放口确定。

已经取得排污许可证的纳税人，其排污许可证上所有的污水及废气排放口均应是环境保护税的税源，采集的排放口名称及编号应与排污许可证保持一致。但是，因为《环境保护税法》规定，进入污水集中处理场所的污水不属于直接向环境排放，所以如果排污许可证中污水的排放去向是污水集中处理场所，那么该污水排放口不用采集。

没有取得排污许可证的，可以根据大气及水的实际排放口设置情况确定排放口数量。

因为排污许可证申请与核发技术规范明确，排污许可证只许可主要排放口和大部分一般排放口的污染物排放量，小部分一般排放口的污染物、其他排放口以及无组织排放不在许可范围内，所以纳税人实际税源（排放口）的个数应该大于等于纳税人排污许可证上许可的排放口个数。

需要注意的是，《大气污染物综合排放标准》提出，高度15米以下的低矮排气筒属于有组织排放，但在一定条件下也可造成与无组织排放相同的后果。因此，在执行“无组织排放监控浓度限值”指标时，由低矮排气筒造成的监控点污染物浓度增加不予扣除，生态环境主管部门一般把高度15米以下的低矮排放口列为无组织排放。实际上，高度15米以下的低矮排放口属于有排放口排放的税源。

例6.22 A企业是热电行业，依法于2019年取得排污许可证，排污许可证中许可的排放口有：锅炉烟气排放口，编号DA001；粉煤灰筒仓布袋除尘器排放口，编号DA002；转运站布袋除尘器排放口，编号DA003；污水排放口，编号DW001。排放去向：某区污水处理厂。问：A企业的环境保护税税源有几个？

解析 纳税人持有排污许可证的，其污染物排放口按照排污许可证载明的污染物排放口确定。因此，A企业大气污染物税源（排放口）有三个：锅炉烟气排放口，编号DA001；粉煤灰筒仓布袋除尘器排放口，编号DA002；转运站布袋除尘器排放口，编号DA003。污水排放去向为某区污水处理厂，不属于向环境排放的范畴，所以没有污水税源。

2. 固体废物税源的确定方法

《中华人民共和国固体废物污染环境防治法》第五条明确规定，固体废物污染环境防治坚持污染担责的原则。产生、收集、贮存、运输、利用、处置固体废物的单位和个人，应当采取措施，防止或者减少固体废物对环境的污染，对所造成的环境污染依法承担责任。第三十六条第一款明确规定，产生工业固体废物的单位应当建立健全工业固体废物产生、收集、贮存、运输、利用、处置全过程的污染环境防治责任制度，建立工业固体废物管理台账，如实记录产生工业固体废物的种类、数量、流向、贮存、利用、处置等信息，实现工业固体废物可追溯、可查询，并采取防治工业固体废物污染环境的措施。第三十七条明确规定，产生工业固体废物的单位委托他人运输、利用、处置工业固体废物的，应当对受托方的主体资格和技术能力进行核实，依法签订书面合同，在合同中约定污染防治要求。受托方运输、利用、处置工业固体废物，应当依照有关法律法规的规定和合同约定履行污染防治要求，并将运输、利用、处置情况告知产生工业固体废物的单位。产生工业固体废物的单位违反本条第一款规定的，除依照有关法律法规的规定予以处罚外，还应当与造成环境污染和生态破坏的受托方承担连带责任。

《环境保护税法实施条例》第五条明确规定，应税固体废物的计税依据，按照固体废物的排放量确定。固体废物的排放量为当期应税固体废物的产生量减去当期应税固体废物的贮存量、处置量、综合利用量的余额。前款规定的固体废物的贮存量、处置量，是指在符合国家和地方环境保护标准的设施、场所贮存或者处置的固体废物数量；固体废物的综合利用量，是指按照国务院发展改革、工业和信息化主管部门关于资源综合利用要求以及国家和地方环境保护标准进行综合利用的固体废物数量。

固体废物的环境保护税税源信息主要包括两部分：一部分是贮存；另一部分是处置或者综合利用。其中，贮存环节分为一般性固体废物贮存和危险废物贮存，处置主要针对的是危险废物和进行填埋处理的一般性固体废物，根据《中华人民共和国固体废物污染环境防治法》的相关要求，危险废物的处置必须由有资质的第三方负责，因此危险废物的处置税源管理需要填报相关接收方的资质证明。综合利用主要针对一般性固体废物，并且写明综合利用的去向及产品。其中，在符合国家和地方环境保护标准的设施、场所贮存或者处置固体废物的，不属于向环境排放，不缴纳环境保护税。

例 6.23 A 企业产生的固体废物有粉煤灰、炉渣和含油抹布等危险废物。粉煤灰贮存在粉煤灰筒仓中，炉渣贮存在事故灰场中，危险废物贮存在危险废物贮存库中，粉煤灰和炉渣定期销售给水泥厂 C 用于制造水泥，危险废物由当地有资质的危废处置企业 B 处置，处置方式是无害化焚烧。问：A 企业的固体废物环境保护税税源有哪些？

解析 贮存税源：粉煤灰筒仓、事故灰场以及危险废物贮存库。处置或综合利用税源：粉煤灰和炉渣综合利用去向是水泥厂 C，综合利用的产品是水泥，含油抹布等危险废物处置的去向为有资质的企业 B，处置方式是焚烧。

3. 噪声税源的确定方法

噪声的税源为厂界的四个边界。如果纳税人有多个作业场所，噪声税源即不同作业场所的四个边界。

例 6.24 A 企业只有一个经营场所，位于工业区内，除南厂区执行二类区标准外，其余均执行三类区标准，A 企业的税源信息应该如何采集？

解析 A 企业的噪声税源有四个：东厂界，执行三类区标准；西厂界，执行三类区标准；南厂界，执行二类区标准；北厂界，执行三类区标准。

（二）确定应税污染物的种类

《环境保护税法》附表二《应税污染物和当量值表》明确了应税大气污染物、应税水污染物、应税固体废物和应税噪声的种类。纳税人应当注意的是，并非所有应税污染物都需要缴税。

纳税人必须准确判断自身排放的应税污染物种类。应税水污染物和有组织排放的应税大气污染物及噪声可以通过监测的方法确定。无组织排放的应税大气污染物的种类，要通过分析物料的种类、生产工艺的反应原理等方式确定。应税固体废物的税目要通过采购、危废处置备案及综合利用的情况确定。

无论采取何种手段，应税污染物种类的确定方式都必须是有据可查、有法可依的。比如，采用监测的方法确定水污染物种类，就应该监测全部应税水污染物或者对该行业排放标准里的应税指标进行监测，并将应税水污染物按污染当量数从大到小排序，对第一类水污染物按前五项征收，对其他类水污染物按前三项征收；对没有排放口进行无组织排放的应税大气污染物，可以按某车间的生产工艺流程涉及的物料种类及反应过程，判断应税污染物的种类。

（三）计算应税污染物数量

应税污染物数量的计算比较复杂，主要是科学运用税法中的四种方法，我们通过一个例子来说明。

例 6.25 A 省 B 企业 1 月向大气中排放二氧化硫 10 千克、氮氧化物 20 千克、一氧化碳 300 千克、汞及其化合物 1 千克。大气污染物适用税额为每污染当量 1.2 元。B 企业只有一个排放口。计算 B 企业 1 月大气污染物应缴纳的环境保护税。(相应污染物的污染当量值分别为 0.95 千克、0.95 千克、16.7 千克和 0.0001 千克。)

解析 首先，计算各污染物的污染当量数。

二氧化硫：10 千克÷0.95 千克≈10.53；

氮氧化物：20 千克÷0.95 千克≈21.05；

一氧化碳：300 千克÷16.7 千克≈17.96；

汞及其化合物：1 千克÷0.0001 千克=10000。

其次，按污染当量数排序。汞及其化合物（10000）>氮氧化物（21.05）>一氧化碳（17.96）>二氧化硫（10.53）。

最后，计算应纳税额。

汞及其化合物：10000×1.2=12000（元）；

氮氧化物：21.05×1.2≈25.26（元）；

一氧化碳：17.96×1.2≈21.55（元）。

应税固体废物的排放量为当期应税固体废物的产生量减去当期应税固体废物贮存量、处置量、综合利用量的余额。纳税人应当准确计量应税固体废物的贮存量、处置量和综合利用量，未准确计量的，不得从其应税固体废物的产生量中减去。纳税人依法将应税固体废物转移至其他单位和个人进行贮存、处置或者综合利用的，固体废物的转移量相应计入其当期应税固体废物的贮存量、处置量或者综合利用量；纳税人接收的应税固体废物转移量，不计入其当期应税固体废物的产生量。纳税人对应税固体废物进行综合利用的，应当符合工业和信息化部制定的工业固体废物综合利用评价管理规范。

应税噪声的应纳税额为超过国家规定标准分贝数对应的具体适用税额。噪声超标分贝数不是整数值的，按四舍五入取整。一个单位的同一监测点当月有多个监测数据超标的，以最高一次超标声级计算应纳税额。声源一个月内累计昼间超标不足 15 昼或者累计夜间超标不足 15 夜的，分别减半计算应纳税额。

（四）制作合规纳税凭证

环境保护税核算申报工作不仅要计算应纳税额，还需要制作大量合规的纳税凭证，包括监测记录、污染防治设施的运行记录、危废处置单位的资质及转移贮存情况、一般固体废物的综合利用情况等。这些纳税凭证需要统一保存，以备税务部门检查。

纳税人申报纳税时，应当向税务机关报送应税固体废物的产生量、贮存量、处置量和综合利用量，同时报送能够证明固体废物流向和数量的纳税资料，包括固体废物处置利用委托合同、受委托方资质证明、固体废物转移联单、危险废物管理台账复印件等。有关纳税资料已在环境保护税基础信息采集表中采集且未发生变化的，纳税人不再报送。纳税人应当参照危险废物台账管理要求，建立其他应税固体废物管理台账，如实记录产生固体废物的种类、数量、流向以及贮存、处置、综合利用、接收转入等信息，并将应税固体废物管理台账和相关资料留存备查。

环境保护税是一个专业性较强的税种，需要财务、环保、设备、生产和技术等部门形成一套合理的工作流程，才能更好地完成环境保护税的核算申报工作，尤其是承接防腐工程、土石方作业等的企业，有较多非正常生产情况下的排污行为，需要按次申报。只有多部门联合，才能保证环境保护税的足额申报、足额缴纳。

二、应税大气污染物计税依据的特殊规定

应税大气污染物计税依据的特殊规定如下：

第一，遵循排放应税污染物就征税的原则。《环境保护税法》规定，当有组织排放口存在多种大气污染物时，对污染物当量数最多的三种应税大气污染物叠加收税，即达标排放也需要征税。对于使用监测数据计算环境保护税的，如果监测数据超标了，还要按照《中华人民共和国大气污染防治法》的规定接受生态环境主管部门的处罚，罚款金额为 10 万~100 万元，如果符合按日计罚规定的情形，要启动按日计罚程序。

第二，当环境保护税纳税人有多个排放口时，应分别计算、合并征收。由于环境保护税纳税人大气污染源的排放口都是独立的，即一个污染源就有一个排放口，同一环境保护税纳税人的废气排放口一般有多个，必须对多个排放口的大气环境保护税进行分别计算，再合并征收。

第三，无组织排放口的应税大气污染物要进行申报缴税。没有固定排放口排放的应税大气污染物，即无组织排放的应税大气污染物也要进行申报缴税。

第四，计算方法多种多样。通过有排放口排放的应税大气污染物可以用实测的方法计算环境保护税，同时根据折算浓度判断是否具备减税条件。通过没有排放口排放

的应税大气污染物，根据《财政部 税务总局 生态环境部关于明确环境保护税应税污染物适用等有关问题的通知》（财税〔2018〕117 号）中“在建筑施工、货物装卸和堆存过程中无组织排放应税大气污染物的，按照生态环境部规定的排污系数、物料衡算方法计算应税污染物排放量；不能按照生态环境部规定的排污系数、物料衡算方法计算的，按照省、自治区、直辖市生态环境主管部门规定的抽样测算的方法核定计算应税污染物排放量”的规定，不能用实测法进行计算。根据生态环境主管部门的检测要求，无组织排放检测一般在厂界进行，且只检测浓度指标，排放标准中也只对浓度指标有要求，仅有浓度指标是无法计算排放量的，所以没有排放口排放的应税大气污染物排放量均应该按照排污系数、物料衡算或者抽样测算的方法进行计算。生态环境部尚未规定适用排污系数、物料衡算方法的，由各省、自治区、直辖市生态环境主管部门结合本地实际情况，科学合理制定抽样测算方法。

第五，达标排放的城镇污水集中处理场所、生活垃圾集中处理场所排放应税大气污染物暂时免征，正确区分城镇污水集中处理场所和工业园区污水集中处理场所（详见生态环境部 2020 年第 21 号和第 52 号公告）。

第六，通过排放口排放的应税污染物，征收污染当量数最高的前三项。

第七，正确区分燃烧烟气和工艺废气。燃烧烟气均采用有排放口形式的排放，主要污染物是二氧化硫、氮氧化物、烟尘、汞及其化合物等，可以用实测法确定应税污染物的种类并进行计算。工艺废气可以通过排放口排放，也可以不通过排放口排放。通过排放口排放的应税污染物可以用实测法确定种类并计算；没有通过排放口排放的，只能根据原辅材料、中间产品和工艺确定应税污染物的种类，采用排污系数、物料衡算以及抽样测算的方法进行计算（财税〔2018〕117 号）。

三、应税水污染物计税依据的特殊规定

应税水污染物计税依据的特殊规定如下：

第一，遵循直接排放应税水污染物就征税（相关法律法规另有规定的除外）且分类征收的原则。

第二，每一排放口的应税水污染物，区分第一类水污染物和其他类水污染物，按污染当量数从大到小排序，对第一类水污染物按照前五项征收环境保护税，对其他类水污染物按照前三项征收环境保护税。

第三，对超标准排放的，要按《中华人民共和国水污染防治法》的规定进行处罚。

第四，自行申报的环境保护税纳税人如果申报数据超标，除了要缴纳环境保护税外，税务部门还要在信息共享平台上将此数据传至生态环境主管部门，按《中华人民共和国水污染防治法》的规定对其进行处罚，罚款金额为 10 万～100 万元，如果符合按日计罚规定的情形，要启动按日计罚程序。

第五，《环境保护税法》附件中规定，对污水的特殊污染物——pH 值、色度、大

肠菌群数、余氯量四种污染物实行不超标不征收环境保护税，超标准排放才征收环境保护税，而且按法律法规要求，超标准排放还应受到生态环境主管部门的罚款处罚。

第六，第一类污染物按车间排放口排放量征税。根据《污水综合排放标准》的规定，第一类污染物不分行业和污水排放方式，也不受收纳水体的功能类别限制，一律在排污者车间或车间处理设施排放口采样，其最高允许排放浓度必须达标。因此，排污者排放的污水中的第一类污染物应以车间排放口处为准计算。超标准排放的，要依照《中华人民共和国水污染防治法》进行处罚。

第七，对同一排放口中的同类污染物或相关污染物的不同指标不应重复征税。对同一排放口中的化学需氧量、生化需氧量和总有机碳，由于是关于有机物含量的不同监测指标，虽属不同的应税污染物，但不应重复征税，只对其中污染当量数最高的一项征税；同一排放口中的大肠菌群数和余氯量是两项相关联的应税污染物，只对其中污染当量数最高的一项征税；总铬和六价铬都是代表水中第一类污染物铬的指标，因此也对其中污染当量数最高的一项征税。

第八，对冷却排水和矿井排水只按增加的应税污染物征税。一般的环境保护税纳税人排放的污水是在净水的基础上，经使用转变成污水的；而冷却排水和矿井排水主要是地表或地下有一定应税污染物的水，经生产使用后排放的，不应将原有污染物的责任归于纳税人。本着公平合理的原则，冷却排水和矿井排水在计算应税污染物排放量时应扣除原有进水中应税污染物本底值，只按生产过程中增加的应税污染物排放量缴税。

第九，企业将生产污水处理达标后灌溉农田或用于厂区绿化，需要缴纳环境保护税。生态环境主管部门对企业的环评批复中规定了其污水处理达标后可以用于绿化或灌溉农田，是指企业将生产污水处理达标后灌溉农田或用于厂区绿化的排放行为合法，但并不能免除企业排放应税污染物的纳税义务。根据《环境保护税法》的有关规定，企业将生产污水处理达标后灌溉农田或用于厂区绿化，属于直接向环境排放污染物的行为，需要缴纳环境保护税。

第十，对规模化禽畜养殖场征收污水环境保护税。达到省级人民政府确定的规模标准并且有污染物排放口的禽畜养殖场，应当缴纳环境保护税。对于规模小于 50 头牛、500 头猪、5000 羽鸡（鸭）的禽畜养殖业，不征收污水环境保护税。

第十一，向依法设立的污水集中处理场所排放不属于向环境直接排放，不缴纳环境保护税。

第十二，达标排放的依法设立的城乡污水集中处理场所、生活垃圾集中处理场所，暂时免缴环境保护税。

第十三，对医院能监测的，要按监测值征收。规模大于 20 张床位不能监测的，按床位或者排水量中污染当量数大的计算环境保护税；规模小于 20 张床位的，可按小型排污者进行测算确定排放量。

第十四，计算方法简单。应税水污染物的排放量主要采用实测法计算。

第十五，海洋工程环境保护税应税水污染物有明确的范围，是指向海洋水体排放的生产污水和机舱污水、钻井泥浆（包括水基泥浆和无毒复合泥浆）和钻屑及生活污水，按照应税污染物排放量折合的污染当量数计征。其中，生产污水和机舱污水，按照生产污水和机舱污水中石油类污染物排放量折合的污染当量数计征；钻井泥浆和钻屑，按照钻井泥浆和钻屑中石油类、总镉、总汞的污染物排放量折合的污染当量数计征；生活污水按照生活污水中化学需氧量（COD_{Cr}）排放量折合的污染当量数计征。

四、固体废物计税依据的特殊规定

固体废物计税依据的特殊规定如下：

第一，在符合国家和地方环境保护标准的设施、场所贮存或者处置固体废物的，不属于直接向环境排放，不缴纳相应污染物的环境保护税。

第二，纳税人合规贮存和处置固体废物的，属于税前扣除项目，需要进行基础信息采集。

第三，危险废物具体种类见《国家危险废物名录（2025 年版）》。列入《国家危险废物名录（2025 年版）》附录《危险废物豁免管理清单》中的危险废物，在所列的豁免环节，且满足相应的豁免条件时，可以按照豁免内容的规定实行豁免管理，但不免除其危险废物的性质，依然按税目进行申报。

第四，综合利用应满足工业和信息化部公告（2018 年第 26 号）及各省、自治区、直辖市的要求。

第五，固体废物的贮存场所要满足《一般工业固体废物贮存和填埋污染控制标准》（GB 18599—2020）的规定。危险废物贮存场所要满足《危险废物贮存污染控制标准》（GB 18597—2023）和《危险废物收集、贮存、运输技术规范》（HJ 2025—2012）的规定。

第六，必须准确计量，否则不能从产生量中扣除。

第七，危险废物处置要满足生态环境主管部门的相关规定，包括处置单位要有资质、要办理转移联单等。

第八，对未直接向环境排放固体废物，且不享受综合利用税收减免的单位，不得再要求其进行纳税申报（税总函〔2019〕284 号）。

第九，贮存和处置、综合利用两个环节需要征税。

第十，对向海洋水体排放生活垃圾的，按照排放量计征固体废物环境保护税。

五、噪声计税依据的特殊规定

根据《环境保护税法》及财税〔2018〕23 号文件的规定，噪声计税依据的特殊规定如下：

第一，一个单位边界上有多处噪声超标的，根据最高一处超标声级计算应纳税额；如果沿边界长度超过 100 米有两处以上噪声超标，则按照两个单位计算应纳税额（两个单位应理解为按最高一处超标声级的两倍计算应纳税额）。

第二，一个单位有不同作业场所的，应当分别计算应纳税额，合并计征。

第三，昼、夜均超标的环境噪声，昼、夜分别计算应纳税额，累计征收。

第四，声源一个月内超标不足 15 天的，减半计算应纳税额。

第五，夜间频繁突发和夜间偶然突发厂界超标噪声，按等效声级和峰值噪声两种指标中超标分贝值高的一项计算应纳税额。

第六，应税噪声超标的分贝数不是整数的，按四舍五入取整。

第七，一个单位的同一监测点当月有多个监测数据超标的，以最高一次超标声级计算应纳税额。

第八，声源一个月内昼间超标不足 15 昼或者夜间超标不足 15 夜的，分别减半计算应纳税额。

第九，夜间频发噪声的最大声级超过限值的幅度不得高于 10dB，夜间偶发噪声的最大声级超过限值的幅度不得高于 15dB。

第七节　减免税情形

一、免征情形

根据《环境保护税法》第十二条的规定，下列情形，暂予免征环境保护税：

第一，农业生产（不包括规模化养殖）排放应税污染物的；

第二，机动车、铁路机车、非道路移动机械、船舶和航空器等流动污染源排放应税污染物的；

第三，依法设立的城乡污水集中处理、生活垃圾集中处理场所排放相应应税污染物，不超过国家和地方规定的排放标准的；

第四，纳税人综合利用的固体废物，符合国家和地方环境保护标准的；

第五，国务院批准免税的其他情形。

前款第五项免税规定，由国务院报全国人民代表大会常务委员会备案。

二、减征情形

《环境保护税法》第十三条规定："纳税人排放应税大气污染物或者水污染物的浓度值低于国家和地方规定的污染物排放标准百分之三十的，减按百分之七十五征收环境保护税。纳税人排放应税大气污染物或者水污染物的浓度值低于国家和地方规定的污染物排放标准百分之五十的，减按百分之五十征收环境保护税。"

《环境保护税法实施条例》第十条进一步明确："环境保护税法第十三条所称应税大气污染物或者水污染物的浓度值，是指纳税人安装使用的污染物自动监测设备当月自动监测的应税大气污染物浓度值的小时平均值再平均所得数值或者应税水污染物浓度值的日平均值再平均所得数值，或者监测机构当月监测的应税大气污染物、水污染物浓度值的平均值。依照《环境保护税法》第十三条的规定减征环境保护税的，前款规定的应税大气污染物浓度值的小时平均值或者应税水污染物浓度值的日平均值，以及监测机构当月每次监测的应税大气污染物、水污染物的浓度值，均不得超过国家和地方规定的污染物排放标准。"

财税〔2018〕117号文件明确规定："纳税人任何一个排放口排放应税大气污染物、水污染物的浓度值，以及没有排放口排放应税大气污染物的浓度值，超过国家和地方规定的污染物排放标准的，依法不予减征环境保护税。""纳税人采用监测机构出具的监测数据申报减免环境保护税的，应当取得申报当月的监测数据；当月无监测数据的，不予减免环境保护税。"也就是说，该减征优惠政策适用的应税污染物为应税大气污染物、应税水污染物两类，适用的纳税人采用的监测方法仅限于自动监测和监测机构监测。因为只有采用自动监测或者监测机构监测数据计算应税排放量，才能确定应税污染物的排放浓度值。以物料衡算方法或者排污系数方法核定计算应税排放量的，无法享受减征优惠；享受减征环境保护税的，除月浓度值达到减征条件外，自动监测数据中每一次大气污染物的小时平均值或者水污染物的日平均值，以及每次监测机构监测数据的浓度值，均不得超过国家和地方规定的污染物排放标准。任何一个排放口排放应税大气污染物、水污染物的浓度值，以及没有排放口排放应税大气污染物的浓度值，超过国家和地方规定的污染物排放标准的，依法不予减征环境保护税。也就是说，只要有一个应税污染物指标超标，全厂均不能享受环境保护税的减税优惠政策。由此可见，有效监测并记录相关数据，有助于企业享受税收优惠。

《环境保护税法实施条例》第十一条规定："依照环境保护税法第十三条的规定减征环境保护税的，应当对每一排放口排放的不同应税污染物分别计算。"也就是说，减征只对符合条件的应税污染物适用，并不适用于同一排放口的其他应税污染物。例如，某火电企业是环境保护税的纳税人，该企业仅有一个排放口，已安装符合国家规定和监测规范的污染物自动监测设备。该企业2018年1月排放的应税污染物有二氧化硫、汞及其化合物、一般性粉尘、氮氧化物四种，其中，二氧化硫的排放浓度低于国家规定标准的30%。如果二氧化硫的污染当量数排在前三位，那么仅二氧化硫可以享受减税政策，其他应税污染物不得享受减税政策。

三、排放标准

确定是否具备环境保护税减征条件的关键是纳税人适用的污染物排放标准。

执行排放标准的基本原则：有地方排放标准的，执行地方排放标准；没有地方排放标准的，有行业排放标准时，先执行行业排放标准，没有行业排放标准的，执行综合排放标准。

纳税人的排放标准来源于环评审批验收文件和排污许可证，大多数情况下，可以直接提取排污许可证许可的浓度限值。如果发现其排污许可证的许可排放标准填报错误，则可以将相关信息移送至同级生态环境主管部门，生态环境主管部门将依据相关法律法规进行处理，税务机关可以依据生态环境主管部门的处理结果根据《税收征收管理法》《环境保护税法》《环境保护税法实施条例》的相关要求进行处理。

四、减免税常见问题

减免税常见问题如下：

（1）确定纳税人是不是按规定对在线监测设施进行了有效性比对，对在线数据进行了修约，即使用在线数据申报减税时，是不是使用了符合国家规定和监测规范的污染物自动监测设备与数据。

（2）使用监测机构的监测数据进行计算时，是不是对跨月沿用的数据也进行了减免税，即纳税人采用监测机构出具的监测数据申报减免环境保护税的，应当取得申报当月的监测数据，当月无监测数据的，不予减免环境保护税。

（3）纳税人是否存在生态环境部门强制要求安装在线却没有安装或者没有跟生态环境部门联网，反而用监测机构的监测数据报税并享受了减税政策，即纳税人如果存在生态环境主管部门强制要求安装在线却没有安装或者没有跟生态环境主管部门联网的情况，应该使用排污系数或者物料衡算方法计算环境保护税，不应使用监测机构的监测数据报税，同时使用排污系数或者物料衡算方法计算环境保护税，不享受减税优惠。

（4）是否存在无组织排放超标、有组织排放的应税污染物却自行进行了减免税的情况，即纳税人任何一个排放口排放应税大气污染物、水污染物的浓度值，以及没有排放口排放应税大气污染物的浓度值，超过国家和地方规定的污染物排放标准的，依法不予减征环境保护税。

（5）是否存在固体废物没有按照规定综合利用却进行了免税申报的情况，即综合利用产品及过程是否符合《中华人民共和国工业和信息化部公告》（2018 年第 26 号）附件二《国家工业固体废物资源综合利用产品目录》的相关要求。

（6）是否存在没有做综合利用鉴定却进行了免税申报的情况，即开展工业固体废物资源综合利用评价的企业，可依据评价结果，按照《财政部 税务总局 生态环境部关于环境保护税有关问题的通知》和有关规定，申请暂予免征环境保护税，以及享受减免增值税、所得税等相关产业扶持优惠政策。

（7）是否存在噪声超标或者没检测却没有开展噪声环境保护税申报的情况，即纳税人采用委托监测方式，在规定监测时限内当月无监测数据的，可以沿用最近一次的监测数据计算应税污染物排放量，但不得跨季度沿用监测数据。

（8）噪声超标天数不足 15 天可以申请减半征收，即声源一个月内超标不足 15 天的，减半计算应纳税额。

（9）城乡生活污水和生活垃圾处理厂是不是存在超标排放却进行了免税申报的情况，即依法设立的城乡污水集中处理、生活垃圾集中处理场所排放应税污染物，不超过国家和地方规定的排放标准的，暂予免征环境保护税。

（10）城乡生活污水和生活垃圾处理厂是不是存在用跨月沿用的数据申请免税的情况，即纳税人采用监测机构出具的监测数据申报减免环境保护税的，应当取得申报当月的监测数据，当月无监测数据的，不予减免环境保护税。

（11）固体废物没在符合国家和地方环境保护标准的设施、场所贮存却享受了税前扣除，即企业事业单位和其他生产经营者未在符合国家和地方环境保护标准的设施、场所贮存或者处置固体废物的，属于向环境排放，应当缴纳环境保护税。

第八节　纳税申报

一、纳税义务发生时间和申报期限

（一）纳税义务发生时间

根据《环境保护税法》第十六条的规定，纳税义务发生时间为纳税人排放应税污染物的当日。

（二）申报期限

根据《环境保护税法》第十八条第一款的规定，环境保护税按月计算，按季申报缴纳。不能按固定期限计算缴纳的，可以按次申报缴纳。《环境保护税法》第十九条明确规定，纳税人按季申报缴纳的，应当自季度终了之日起 15 日内，向税务机关办理纳税申报并缴纳税款。纳税人按次申报缴纳的，应当自纳税义务发生之日起 15 日内，向税务机关办理纳税申报并缴纳税款。纳税人应当依法如实办理纳税申报，对申报的真实性和完整性承担责任。

按固定期限申报的环境保护税需要做基础信息采集，明确税源（排放口）个数、应税污染物种类、排放标准等信息，正常生产运行的企业事业单位和其他生产经营者污染物排放情况每个月相差不大，在生产工艺发生变化、污染防治设施出现异常情况下才有可能出现税源（排放口）、污染物种类等信息发生变化的情况。

按次申报环境保护税没有具体时间要求，项目主要是纳税人在非正常生产情况下产生的应税污染物，包括但不限于纳税人土石方施工产生的一般性粉尘，防腐作业产生的喷涂废气——苯、甲苯和二甲苯等。

（三）申报地点

根据《环境保护税法》第十七条的规定，纳税人应当向应税污染物排放地的税务机关申报缴纳环境保护税。

纳税人应当向“应税污染物排放地”的税务机关，而不是企业注册地的税务机关申报缴纳环境保护税。该规定遵循“污染者付费”原则，即污染了哪个地区的环境就应该向哪个地区缴纳税款。

《环境保护税法实施条例》第十八条规定，纳税人跨区域排放应税污染物，税务机关对其税收征收管辖有争议的，由争议各方按照有利于征收管理的原则协商解决；不能协商一致的，报请共同的上级税务机关决定。

《海洋工程环境保护税申报征收办法》第六条规定，海洋工程环境保护税由纳税人所属海洋石油税务（收）管理分局负责征收。纳税人同属两个海洋石油税务（收）管理分局管理的，由国家税务总局确定征收机关。

（四）申报资料

根据《环境保护税法》第十八条第二款的规定，纳税人申报缴纳时，应当向税务机关报送所排放应税污染物的种类、数量，大气污染物、水污染物的浓度值，以及税务机关根据实际需要要求纳税人报送的其他纳税资料。

比如，对固体废物的管理，纳税人应当参照国务院生态环境主管部门关于危险废物台账的管理要求，建立应税固体废物管理台账，如实记录产生应税固体废物的种类、数量、流向、贮存、处置、利用以及接收转入等信息，并将应税固体废物管理台账和相关资料留存备查。纳税人在进行纳税申报时，应当向税务机关报送应税固体废物的产生量、贮存量、处置量和综合利用量，同时报送能够证明固体废物流向和数量的纳税资料，包括固体废物处置利用委托合同、受委托方资质证明、固体废物转移联单、危险废物管理台账复印件等。纳税人综合利用固体废物的，应当提交符合县级以上工业和信息化主管部门对综合利用产品的有关技术条件与管理要求的相关证明材料。

依法设立的城镇污水集中处理场所享受免税条件的，要留存是否符合城乡排水和污水处理建设规划、是否由财政支付运营费用、是否执行《城镇污水处理厂污染物排放标准》（GB 18918—2002），以及排污许可证、立项审批文件、环评文件等证明资料。

（五）纳税申报表

2018 年 1 月 27 日，国家税务总局发布《关于发布〈环境保护税纳税申报表〉的公告》（2018 年第 7 号），明确环境保护税纳税申报表由两部分组成，即《环境保护税基础信息采集表》（5 张）和《环境保护税纳税申报表》（7 张），其中《环境保护税纳税申报表》又分为 A 类和 B 类。

2021 年 4 月 12 日，国家税务总局发布《关于简并税费申报有关事项的公告》（公告 2021 年第 9 号），明确提出，自 2021 年 6 月 1 日起，纳税人申报缴纳城镇土地使用税、房产税、车船税、印花税、耕地占用税、资源税、土地增值税、契税、环境保护税、烟叶税中一个或多个税种时，使用《财产和行为税纳税申报表》。纳税人新增税源或税源变化时，需先填报《财产和行为税税源明细表》。

第九节　纳税申报的复核

《环境保护税法》第二十条第二款规定，税务机关发现纳税人的纳税申报数据资料异常或者纳税人未按照规定期限办理纳税申报的，可以提请生态环境主管部门进行复核，生态环境主管部门应当自收到税务机关的数据资料之日起 15 日内向税务机关出具复核意见。税务机关应当按照生态环境主管部门复核的数据资料调整纳税人的应纳税额。

《环境保护税法实施条例》第二十二条明确规定，《环境保护税法》第二十条第二款所称纳税人的纳税申报数据资料异常，包括但不限于下列情形：①纳税人当期申报的应税污染物排放量与上一年同期相比明显偏低，且无正当理由；②纳税人单位产品污染物排放量与同类型纳税人相比明显偏低，且无正当理由。

整体来看，复核的发起情形还包括以下两种：①生态环境主管部门传递的信息中无对应纳税人排放污染物种类或数量信息，税务机关发现纳税人申报数据资料异常且无正当理由的；②纳税人未按规定期限办理纳税申报，税务机关责令其限期申报逾期仍未申报的。

税务机关提请生态环境主管部门复核时，应当将纳税人申报数据、认定申报数据异常或者未按照规定办理纳税申报的相关资料传递给生态环境主管部门。生态环境主管部门自收到税务机关数据资料之日起 15 日内，向税务机关出具经复核认定的纳税人排放应税污染物的时间、种类和数量等信息。

《国家税务总局关于进一步做好环境保护税服务和管理工作的通知》（税总函〔2019〕284 号）提出：切实做好复核管理。各省税务机关要主动协助生态环境主管部门建立健全环境保护税复核工作机制，联合制定复核工作规程，明确复核条件、复核文书、期限、部门责任及传递方式等内容。发现纳税人申报数据资料异常，应先约谈辅导、风险提示纳税人，仍无法排除疑点的，再提请生态环境主管部门进行复核。提请复核应当列明复核事由，并经县以上税务局（分局）局长批准。复核工作原则上通过金税三期工程核心征管系统相关模块发起；暂时不能从核心征管系统发起的，可建立复核工作台账，进行痕迹化管理。

《国家税务总局办公厅 生态环境部办公厅关于深化环境保护税征管协作的通知》（税总办发〔2020〕30 号）提出：税务部门在环境保护税征收管理中发现异常，符合本通知附件所列提请复核情形的，要进行风险和疑点排查；仍无法排除疑点的，可以提请生态环境主管部门复核。各省税务部门和生态环境主管部门要结合本地实际，进一步细化提请复核情形，并在附件中明确以下几点。

（一）关于提请复核的情形

提请复核的情形包括：①纳税人当期申报的应税污染物排放量与上一年同期相比明显偏低，且无正当理由；②纳税人单位产品污染物排放量与同类型纳税人相比明显偏低，且无正当理由；③纳税人未按照规定期限办理纳税申报；④纳税人申报数据资料异常的其他情形。

（二）关于正当理由

提请复核情形中的正当理由主要包括：①纳税人因不可抗力导致停产、半停产的（因纳税人未及时采取有效措施，导致环境污染扩大的除外）；②纳税人因行政处罚、行政强制等处于限产、停产状态的；③纳税人因市场变化致使产品产量、能源消耗下降的；④纳税人对治污设施进行技术改造且正常使用的；⑤纳税人享受减免税政策的；⑥纳税人按规定进行废水接管的。

第十节　生态环境主管部门和税务机关的分工与职责

施行了39年的排污费制度于2018年1月1日退出历史舞台，环境保护税的到来，增强了执法的规范性，也强调了纳税人依法纳税的义务。

考虑到征收环境保护税对污染物排放监测的专业技术要求较高，离不开生态环境主管部门的配合，《环境保护税法》确定了“企业申报、税务征收、环保协同、信息共享”的征管模式。这一模式强调了纳税人自主如实申报纳税的义务，明确了税务机关征税的主体责任，并要求生态环境主管部门对排污征税提供信息核查，配合做好税务征管工作。

那么，税务机关和生态环境主管部门分别需要做哪些工作呢？我们根据《环境保护税法》及其实施条例的相关规定进行了梳理。

一、税务机关的职责

税务机关负责环境保护税的征收管理，依法履行环境保护税纳税申报受理、涉税信息比对、组织税款入库等职责。

在环境保护税开征初期，税务机关需要依据生态环境主管部门交送的排污单位信息进行纳税人识别，此项工作在全国各地已经基本完成。在纳税人识别的过程中，如果生态环境主管部门交送的排污单位信息中没有对应信息的纳税人，也由税务机关进行纳税人识别，并将相关信息交送生态环境主管部门。

如果纳税人有疑问，生态环境主管部门因为对环境保护税的法规不熟悉，无法解释以前缴纳排污费的现在是不是要缴纳环境保护税，或者环境保护税的纳税申报有哪些需要进行调整，该怎么办？大企业，基本上会延续排污费的计缴习惯（对与错需要按新规则引导）；小企业，税务机关如何筛选出来，并要求其缴纳环境保护税？以上都是税务机关面临的课题。

二、生态环境主管部门的职责

生态环境主管部门依法负责应税污染物的监测与管理，制定和完善污染物监测规范。国务院生态环境主管部门负责制定排污系数、确定物料衡算的方法，省级生态环境主管部门负责制定抽样测算的核定方法。生态环境主管部门发现纳税人申报的应税污染物排放信息或者适用的排污系数、物料衡算方法有误的，应当通知税务机关处理。

需要注意的是，生态环境主管部门的监测，是指监测方法的制定、申报数据的管理等方面的工作，并不是生态环境主管部门监测好数据，企业用此数据计税，税务机关按此收税。

三、需要生态环境主管部门和税务机关配合的工作

首先，生态环境主管部门和税务机关应当建立涉税信息共享平台和工作配合机制。在日常工作的推进中，生态环境主管部门应当将排污单位的排污许可、污染物排放数据、环境违法和受行政处罚情况等环境保护相关信息，定期交送税务机关。同时，税务机关应当将纳税人的纳税申报、税款入库、减免税额、欠缴税款以及风险疑点等环境保护税涉税信息，定期交送生态环境主管部门。

其次，税务机关在日常征管过程中应当将纳税人的纳税申报数据资料与生态环境主管部门交送的相关数据资料进行比对，发现异常的，可以提请生态环境主管部门进行复核，生态环境主管部门需要在规定期限内向税务机关出具复核意见。税务机关依法实施环境保护税的税务检查时，生态环境主管部门应予以配合。

最后，税务机关应会同生态环境主管部门，对采用抽样测算方法核定计算的纳税人进行污染物排放种类、数量和应纳税额的核定。两部门还需要协同为纳税人提供与申报缴纳环境保护税有关的辅导、培训和咨询服务。

综上所述，我们可以看出，环境保护税与其他税种相比具有一定的特殊性。显然，在征管的道路上，需要两部门配合的工作有很多。《环境保护税法》中共出现 14 次“生态环境主管部门”这一非税征管部门，数次提到生态环境主管部门的职责，这些都是以往其他税种不曾出现的现象。《环境保护税法》如此强调同生态环境主管部门协作、配合和信息共享等，与环境保护税计税依据的特殊计算方法有关。准确计算环境保护税的前提是知晓应税污染物的排放量，而应税污染物的定性和定量均需要高度专业化的技术条件及专业水平，纳税人和税务机关均较难掌握，因此《环境保护税法》中多次出现对生态环境主管部门与税务机关合作的相关规定。

《环境保护税法》及其实施条例的相关规定，虽明确了税务机关与生态环境主管部门需要协同征管，但如果没有真正厘清二者之间的法律关系，恐怕在部分征管节点上会出现让纳税人无所适从的困局。

比如，以往的排污费是由生态环境主管部门对企业进行核定的，而“费改税”以后由企业自行计算申报。那么，在纳税人自己无法正确计算时，应该向哪个部门咨询？会不会出现两部门互相推诿的情况？

此类问题的解决，应当建立在生态环境主管部门与税务机关权责进一步清晰的基础之上。如果不能有效界定两大部门的权责，调动生态环境主管部门的主动性和积极性，两部门协作征管模式还可能带来一系列新的问题。对于这一点，立法部门应该高度重视。

课后习题

1. 某单位噪声不超标，需要填报环境保护税纳税申报表吗？

2. 某单位汽车排放的尾气中含有应税污染物，需要填报环境保护税纳税申报表吗？

3. 某公司会产生工业污水，但持有排污许可证，污水全部进入城市管网，还需要填报环境保护税纳税申报表吗？

4. 某企业从事海带养殖，会产生向环境排放的应税水污染物，需要填报环境保护税纳税申报表吗？

5. 某企业依法设立的城乡污水处理场排放的水污染物不超过国家和地方规定的排放标准，需要填报环境保护税纳税申报表吗？

6. 某公司生产环节会产生危险废物，但全部交由有资质的回收单位进行处置，还需要填报环境保护税纳税申报表吗？

7. 企业自己没有安装噪声检测设备，需要请检测机构出具检测数据，该数据作为报税依据，在时效性方面有没有要求，需要多久测一次？

8. 在填写噪声基础信息采集表时，应该以一个设备为噪声源还是以一个车间为噪声源？如果以上都不是，那么以什么为噪声源？

9. 项目建设期间的扬尘和噪声涉及的环境保护税的纳税人是甲方还是总包施工方？

10. 某硅铁行业企业出具 2022 年监测报告，包括 6 月、9 月和 12 月出具的，请问 2023 年第一季度申报时能否采纳监测报告信息？

11. 某企业产生的其他固体废物被厂家回收了，应税固体废物基础信息采集表和纳税申报表应该怎么填？

12. 企业在整体搬迁按环评要求试生产期间（有新增排口），未做环境检测（等待环评验收检测），无污染物基础数据，应如何报税？

13. 某污水处理厂既处理市政污水又处理少部分造纸厂的工业污水，处理都达标，涉及的环境保护税怎么办理？处理达标的工业污水能免缴环境保护税吗？

14. 城乡污水处理厂和工业污水处理厂有什么区别？工业园区内建设污水处理厂还有必要建设生活污水处理厂吗？如果是在同一个处理厂处理，收入要不要分开？如何做才能免缴环境保护税？

15. 如果企业自建小型污水处理设施，达到生活污水排放标准，取得生活污水管网排放资质，是否要缴环境保护税？

16. 环评报告显示，企业生产经营中的主要污染是噪声污染，产出的铁屑未列在内。那么报税是直接不报固体废物，还是只报固体废物产生量？

17. 应税大气污染物当量数怎么算？

18. 在计算污染物排放量时，发现超过了排污许可证的许可量，有什么影响？

19. 减税中污染物浓度有些天低于50%或30%，有些天不低于，怎么办？

20. 新征的环境保护税，减免部分怎么入账？

21. 大气污染物环境保护税纳税申报表附表中的第7项，实测浓度值对应自行监测或第三方监测浓度值的哪一项？是实测浓度还是折算浓度？

22. 有的监测中只有排放浓度，怎么填写环境保护税纳税申报表和优惠减免表？排放浓度和折算浓度的准确概念是什么？

23. 矿业公司缴纳环境保护税时需要注意什么？

24. 房地产公司要缴纳环境保护税吗？

25. 热电企业环境保护税现在进行基础信息采集，主要是大气污染物和水污染，大气中分有组织排放和无组织排放。无组织排放，比如粉尘，有多个排放口，填表是合并填一个，还是每个排放口都填？如合并填，对今后报税有什么影响？

26. 铁矿采选行业采用排污系数法核算排污量，没有测量，也不知污染物种类。是否系数表中只要涉及污染物指标（包括水和大气污染物）就需核定征收排放量？如果水中没有检测出污染物，是不是就只需对涉及的污染物指标征税？

27. 在生态环境主管部门监测的指标中，水污染物中没有检测到污染物，在按系数计算时，是否可不计算污水的环境保护税？如果企业不检测，税务机关是否按系数表中的污染物征税？

28. 企业将粉煤灰销售出去，是否可以按处置固体废物缴纳环境保护税？购买方是否还需要提供粉煤灰处理的资质？

29. 炼铁企业未安装监测设备，委托第三方监测。监测时段从3月下旬开始。1月、2月没有监测数据。问：1月、2月的排放量如何计算？

30. 某公司是工业企业并建有污水处理厂，处理后的污水是达标的，通过管网排放到污水处理站，但该公司二期工程还没有通过环保验收，是否符合免收环境保护税的条件?

31. 如果单位装修办公楼，那么是否需要按次缴纳环境保护税?其计税基础该怎么定?

32. 像水泥这种有好几个有组织排放口和好几个无组织排放口都排放颗粒物时，颗粒物实际排放量应该怎么计算?如果每个无组织排放口都用产排污系数法计算排放量，属于重复计算吗?产品产量乘以排污系数应该是全厂颗粒物排放的总量吧?无组织排放可以用监测法吗?无组织废气排放量怎么计算?

33. 火力发电厂煤场（半封闭）是否需要缴纳环境保护税?

34. 如果用废矿渣提取钒产品，进行废物回收利用，缴纳环境保护税时有优惠吗?

35. 无组织排放监测点有厂界、氨罐区、储油区。请问：每个无组织排放点都要申报缴税吗?

36. 企业做了监测但监测频次低于要求，是否可以用监测方法计算税额?

37. 合同能源管理中涉及的污染物排放，是由节能公司还是由用能单位来缴纳环境保护税?

38. 2018 年环境保护税开征，某化工行业原来缴的 VOCs 费还缴吗?该企业有几项污染物没在环境保护税税目里，是不是这几项就不用缴纳环境保护税了?

39. 谁是环境保护税的纳税人?

40. 个人车辆排放污染物要征收环境保护税吗?

第七章 案例分析

案例1　某铁矿排土场环境保护税的核定与征收

某矿业公司（简称“企业”）在河北省 A 县境内的铁矿排土场于 1969 年开始使用，矿石开采废土经皮带从 B 县运输至 A 县，皮带半封闭，有三个转运站（装有除尘器），运输时有洒水喷淋降尘，皮带末端有雾炮进行降尘，排土场整体无苫盖、绿化等防尘措施。根据环评批复、验收批复，企业排土场和尾矿库执行《铁矿采选工业污染物排放标准》（GB 28661—2012）中表 7 标准，即颗粒物标准值为 $1mg/m^3$，转运站布袋除尘器排放口执行《铁矿采选工业污染物排放标准》（GB 28661—2012）中表 5 标准，即颗粒物标准值为 $20mg/m^3$。据统计，1991 年 1 月—2020 年 5 月，共计 353 个月，排放土石方 $68399316.8m^3$，密度为 $2t/m^3$，每年排放土石方量基本一致。

试分析该排土场的环境保护税：①税源；②应税污染物税目；③核算应税污染物排放量；④分别计算 2020 年和 2023 年应缴纳税额。

一、税源识别

（一）确定排放污染物类型

通过调取企业的环评文件、应急预案等资料，结合现场勘察企业生产工艺流程等实际情况，确定企业税源。该企业是排土场，主要排放大气污染物。

（二）确定税源

依据《环境保护税法》第九条“每一排放口或者没有排放口的应税大气污染物，按照污染当量数从大到小排序，对前三项污染物征收环境保护税”，以及《环境保护税法实施条例》第八条“从两个以上排放口排放应税污染物的，对每一排放口排放的应税污染物分别计算征收环境保护税”的规定，结合现场调查情况，确定企业排土场排放应税大气污染物的税源包括有排放口税源和无排放口税源两部分，共有 4 个税源，其中应税大气污染物有排放口税源 3 个（即皮带运输的 3 个除尘器排放口）、无排放口税源 1 个。

二、应税污染物税目

确定了企业的税源后，依照《大气排放标准》、《环境保护税法实施条例》、《环境保护税法》及其附表中的《环境保护税税目税额表》和《财政部 税务总局 生态环境部关于明确环境保护税应税污染物适用等有关问题的通知》（财税〔2018〕117 号）中“排放的扬尘、工业粉尘等颗粒物，除可以确定为烟尘、石棉尘、玻璃棉尘、碳黑尘的外，按照一般性粉尘征收环境保护税”的规定，企业应进行申报的环境保护税税目为 1 个，即一般性粉尘。具体分为以下两种情况：

（1）有排放口税源的税目确定情况。企业的三个转运站分别配套设有各自的除尘装置及排放口，共有 3 个除尘装置排放口，这些排放口均向环境排放一般性粉尘。

（2）无排放口税源的税目确定情况。企业排土场在装卸、贮存过程中会产生一般性粉尘。

三、核算应税污染物排放量

（一）排放量的核算方法

分析企业应税大气污染物排放情况，依据《环境保护税法》第十条及其实施条例的相关规定，判定应税大气污染物排放量的核算方法，并计算其应纳税额。

《环境保护税法》第十条规定，应税大气污染物、水污染物、固体废物的排放量和噪声的分贝数，按照下列方法和顺序计算：排污单位安装使用符合国家规定和监测规范的污染物自动监测设备的，按照污染物自动监测数据计算（$Q_{i,e}=C_i \cdot q_v$）；排污单位未安装使用污染物自动监测设备的，按照监测机构出具的符合国家有关规定和监测规范的监测数据计算；因排放污染物种类多等原因不具备监测条件的，按照国务院生态环境主管部门规定的排污系数、物料衡算方法计算，相关细则参考《关于发布计算环境保护税应税污染物排放量的排污系数和物料衡算方法的公告》（生态环境部 财政部 国家税务总局公告 2021 年第 16 号）；不能按照前三项规定的方法计算的，按照省、自治区、直辖市人民政府生态环境主管部门规定的抽样测算方法核定计算。

《财政部 国家税务总局 生态环境部关于环境保护税有关问题的通知》（财税〔2018〕23 号）进一步明确：“生态环境部尚未规定适用排污系数、物料衡算方法的，暂由纳税人参照缴纳排污费时依据的排污系数、物料衡算方法及抽样测算方法计算应税污染物的排放量。”

该企业没有安装自动监测设备，也没有监测数据，针对企业应税大气污染物的排放现状，对有排放口排放的应税大气污染物和无排放口排放的应税大气污染物均采用排污系数法进行核算。

（二）选择排污系数

2021 年 5 月 1 日之后，排污系数选择有三种方法：一是属于排污许可管理的排污单位，适用生态环境部发布的排污许可证申请与核发技术规范中规定的排（产）污系数、物料衡算方法（见生态环境部发布的2021年第16号公告中的《排污许可证申请与核发技术规范清单》）计算应税污染物排放量；排污许可证申请与核发技术规范未规定相关排（产）污系数的，适用生态环境部发布的排放源统计调查制度规定的排（产）污系数（见生态环境部发布的2021年第16号、第24号公告中的《排放源统计调查产排污核算方法和系数手册》）计算应税污染物排放量。二是不属于排污许可管理的排污单位，适用生态环境部发布的排放源统计调查制度规定的排（产）污系数计算应税污染物排放量。三是上述情形中无相关计算方法的，参照排污单位所在省、自治区、直辖市生态环境主管部门制定的抽样测算方法。

2021年4月30日之前发生的环境保护税，进行核定时的排污系数应该按照环境保护部2017年第81号公告《关于发布计算污染物排放量的排污系数和物料衡算方法的公告》进行确定。

本案例要求计算2020年、2023年的每月应交税额。2020年，根据环境保护部2017年第81号公告选择排污系数，钢铁行业属于纳入排污许可管理的行业，所以3个排放口的排污系数选择该公告的附件1—钢铁工业—表2—原料系统— 一般排放口的排污系数（0.080kg/t原料），1个无排放口选择该公告附件1—钢铁工业—表2—原料系统—污染控制措施整体劣于上述措施—无组织的排污系数（0.2700kg/t原料）。

2023年，根据生态环境部2021年第16号公告选择排污系数，因为该企业没有在堆场安装整体的防尘设施，所以3个排放口选择该公告表11—原料系统—污染控制措施整体劣于上述措施— 一般排放口排污系数（0.080kg/t原料），1个无排放口选择该公告表11—原料系统—污染控制措施整体劣于上述措施—无组织的排污系数（0.2700kg/t原料）。经过对比可以发现，两个年度参考的政策文件虽然有差别，但是排污系数相同，保持了政策的连续性。

（三）排放量计算

排污系数中提到的原料即本案例中的排土量，排土量=土石方转运量×密度÷时间跨度，污染物排放量=排污系数×排土量。因此，污染物排放量=排污系数×土石方转运量×密度÷时间跨度。

由题意可知：排土量=68399316.8m^3×2t/m^3÷353个月=387531.5t/月

每个排放口的污染物排放量=387531.5t/月×0.080kg/t=31002.5kg/月

无排放口的污染物排放量=387531.5t/月×0.270kg/t=104633.5kg/月

四、计算应纳税额

每种应税污染物的具体污染当量值，依照《环境保护税法》所附《应税污染物和当量值表》执行。按照污染当量从大到小排序，对前三项污染物征收环境保护税。应纳税额=该污染物的污染当量数×具体适用税额（河北省环境保护税税额标准：大气污染物为4.8元/污染当量），污染当量按照式（7.1）计算。

$$Q_i = \frac{Q_{i,e}}{S_i} \tag{7.1}$$

式中：Q_i——第 i 种污染物的污染当量，无量纲；

$Q_{i,e}$——第 i 种污染物的排放量，kg；

S_i——第 i 种污染物的污染物当量值，kg。

应纳税额=一般性粉尘排放量÷污染当量值×单位税额。

查表可知，一般性粉尘污染当量值为4。由各省颁布的环境保护税单位税额可知，河北省一般性粉尘单位税额为4.8元。

一般性粉尘应纳税额计算结果见表7.1。

表7.1　一般性粉尘应纳税额计算结果

税源	年份	月（个）	转运量（t/月）	系数（kg/t）	排放量（kg/月）	污染当量数	每月应纳税额（元）	每年应纳税额（元）
排放口1	2020	12	387531.5	0.080	31002.5	4	37203	446436.0
	2023	12	387531.5	0.080	31002.5	4	37203	446436.0
排放口2	2020	12	387531.5	0.080	31002.5	4	37203	446436.0
	2023	12	387531.5	0.080	31002.5	4	37203	446436.0
排放口3	2020	12	387531.5	0.080	31002.5	4	37203	446436.0
	2023	12	387531.5	0.080	31002.5	4	37203	446436.0
无排放口排放	2020	12	387531.5	0.270	104633.5	4	125560.2	1506722.4
	2023	12	387531.5	0.270	104633.5	4	125560.2	1506722.4

转运站除尘器排放一般性粉尘采用排污系数法计算环境保护税。企业2020年、2023年每个排放口大气污染物应纳税额均为446436.00元，减免税额为0元，3个排放口实际应纳税额为1339308.00元。排土场1个无组织排放口，2020年、2023年大气污染物应纳税额均为1506722.40元，减免税额为0元，实际应纳税额为1506722.40元。

五、环境保护税征缴

（一）应税污染物环境保护税减征条件

《环境保护税法》第十三条规定：纳税人排放应税大气污染物或者水污染物的浓度值低于国家和地方规定的污染物排放标准百分之三十的，减按百分之七十五征收环境保护税；纳税人排放应税大气污染物或者水污染物的浓度值低于国家和地方规定的污染物排放标准百分之五十的，减按百分之五十征收环境保护税。应税大气污染物的浓度值，是指纳税人安装使用的污染物自动监测设备当月自动监测的应税大气污染物浓度值的小时平均值再平均所得数值，或者监测机构当月监测的应税大气污染物浓度值的平均值。

（二）应税污染物环境保护税不予减征条件

《环境保护税法实施条例》第十条明确规定，减征环境保护税的，应税大气污染物浓度值的小时平均值，以及监测机构当月每次监测的应税大气污染物的浓度值，均不得超过国家和地方规定的污染物排放标准。按照《关于明确环境保护税应税污染物适用等有关问题的通知》（财税〔2018〕117 号）的要求，纳税人任何一个排放口排放应税大气污染物的浓度值，以及没有排放口排放应税大气污染物的浓度值，超过国家和地方规定的污染物排放标准的，依法不予减征环境保护税。

（三）应税大气污染物环境保护税惩罚措施

《环境保护税法实施条例》第七条明确规定，纳税人有下列情形之一的，以其当期应税大气污染物的产生量作为污染物的排放量：未依法安装使用污染物自动监测设备或者未将污染物自动监测设备与生态环境主管部门的监控设备联网；损毁或者擅自移动、改变污染物自动监测设备；篡改、伪造污染物监测数据；通过暗管、渗井、渗坑、灌注或者稀释排放以及不正常运行防治污染设施等方式违法排放应税污染物；进行虚假纳税申报。

案例 2　某水泥有限公司环境保护税的核定与征收

某水泥有限公司位于山东省日照市莒县东莞镇某村。该企业建有石灰石矿山开采工程、一条 4000t/d 水泥熟料生产线及配套 9MW 余热发电工程并预留一条 4000t/d 水泥熟料生产线。该企业生活污水及生产废水经处理后用于厂区绿化。

试分析该企业的环境保护税：①税源；②应税污染物税目；③核算应税污染物排放量；④计算该企业 2023 年应纳税额。

一、税源识别

熟悉该企业生产工艺流程，进现场全方位全流程勘察生产过程，从废水、废气、固体废物、噪声四个方面统计排放情况。通过调阅该企业环保文件，同时对实际的作业场地、工艺流程以及相关污染防治设施运行情况进行实地勘察，对相关工艺参数及数据进行收集、核实及分析。该企业共有 39 个税源，其中应税大气污染物税源 33 个（有组织排放税源 28 个，无组织排放税源 5 个），应税水污染物税源 1 个，应税固体废物税源 1 个，应税噪声税源 4 个。

二、应税污染物税目

（一）应税大气污染物税目的确定

《环境保护税法》所附《应税污染物和当量值表》中明确提出，应税大气污染物有二氧化硫、氮氧化物等 44 种。该企业应税大气污染物的排放方式为有组织排放和无组织排放两种。

通过分析比对生产过程中涉及的原辅材料、中间产物和最终产生的产品等相关物质的反应原理、生产工艺及相关的理化性质、有机化学品及油品贮存过程中储罐类型、参数和污染防治设施的工艺以及该企业实际的生产作业流程，确定各工艺废气有组织排放和无组织排放过程中排放的应税大气污染物的税目。

有组织排放的污染物来源于主要排放口排放的燃烧烟气及一般排放口排放的工艺废气。因燃烧反应相对复杂，燃烧温度及氧含量的改变均可能影响应税污染物类别，依据具备 CMA 资质的监测机构出具的检测报告以及燃料燃烧产物确定该企业主要排放口的应税大气污染物税目。该企业主要排放口排放的应税大气污染物税目为二氧化硫、氮氧化物、烟尘、汞及其化合物、氟化物及氨等；26 个一般排放口排放的应税大气污染物税目为一般性粉尘。

无组织排放的污染物来源于矿石装卸及钢结构加工过程排放的工艺废气，柴油储罐逸散、盐酸储罐逸散以及氨水储罐逸散排放的废气。矿石装卸及钢结构加工过程无废气收集装置，属无排放口税源，排放的应税大气污染物税目为一般性粉尘；柴油、氨水和盐酸在贮存过程中会有部分逸散到大气中，排放的应税大气污染物税目为苯、甲苯、二甲苯、氨和氯化氢。

（二）应税水污染物税目的确定

由《环境保护税法》所附《应税污染物和当量值表》可知，应税水污染物共 65 种，其中第一类应税水污染物包括总汞和总铬等 10 种，其他类应税水污染物包括悬浮物和生化需氧量等 55 种。

该企业生活污水及生产废水经处理后用于厂区绿化，属于直接向环境排放应税水污染物，需根据应税水污染物检测结果进行税目确定。因该企业未开展此项工作，故根据《城市污水再生利用　城市杂用水水质》（GB/T 18920—2020）执行标准中的应税水污染物种类进行税目确定，该企业排放的应税水污染物税目为生化需氧量、氨氮及阴离子表面活性剂。

（三）应税固体废物税目的确定

由《环境保护税法》所附《环境保护税税目税额表》可知，共有煤矸石、尾矿等七类固体废物需要缴纳环境保护税，其中其他类固体废物，企业所在省级人民政府暂未具体明确，因此目前不予考虑。危险废物包括《国家危险废物名录（2025 年版）》中的 62 类危险废物，被列入《危险化学品目录（2022 版）》的化学品 2828 种，以及医疗废物。因此，环境保护税中应税固体废物的税目实际达 3000 余种。

该企业应税固体废物为危险废物。危险废物涉及废油、废油桶、废试剂瓶、废油漆、废油漆桶、废弃荧光灯管以及废弃蓄电池等。

（四）应税噪声税目的确定

通过与该企业相关部门沟通了解及现场实地勘察，依据《工业企业厂界噪声排放标准》（GB 12348—2008）关于厂界的规定，确定该企业厂界范围。

每个作业区厂界均需对噪声排放情况进行监测。若单侧厂界长度超过 100 米，需设置至少两个监测点位，并同时满足两监测点位之间距离大于 100 米。

（五）按次申报税目的确定

企业 2023 年有油漆喷涂行为，会产生应税大气污染物苯、甲苯和二甲苯。

三、核算应税污染物排放量

（一）应税大气污染物排放量核算

《环境保护税法》第七条和第八条规定：应税大气污染物的计税依据，按照污染物排放量折合的污染当量数确定。应税大气污染物的污染当量数，以该污染物的排放量除以该污染物的污染当量值计算。每种应税大气污染物的具体污染当量值，依照本法所附《应税污染物和当量值表》执行。

每一排放口或者没有排放口的应税大气污染物，按照污染当量数从大到小排序，对前三项污染物征收环境保护税。应税大气污染物的应纳税额，以该污染物的污染当量数乘以具体适用税额。

该企业这几年主要排放口自动监测设备未比对，不符合《固定污染源烟气（SO_2、NO_x、颗粒物）排放连续监测技术规范》（HJ 75—2017）的相关要求。

《财政部 税务总局 生态环境部关于明确环境保护税应税污染物适用等有关问题的通知》（财税〔2018〕117 号）第三条第一款规定："纳税人按照规定须安装污染物自动监测设备并与生态环境主管部门联网的，当自动监测设备发生故障、设备维护、启停炉、停运等状态时，应当按照相关法律法规和《固定污染源烟气（SO_2、NO_x、颗粒物）排放连续监测技术规范》（HJ 75—2017）、《水污染源在线监测系统数据有效性判别技术规范》（HJ/T 356—2007）等的规定，对数据状态进行标记，以及对数据缺失、无效时段的污染物排放量进行修约和替代处理，并按标记、处理后的自动监测数据计算应税污染物排放量。相关纳税人当月不能提供符合国家规定和监测规范的自动监测数据的，应当按照排污系数、物料衡算方法计算应税污染物排放量。纳入排污许可管理行业的纳税人，其应税污染物排放量的监测计算方法按照排污许可管理要求执行。"因此，该企业主要排放口（窑头及窑尾）税源应当按照排污系数、物料衡算方法计算应税污染物排放量。

根据《环境保护税法》第十条第三项的规定，因排放污染物种类多等原因不具备监测条件的，按照国务院生态环境主管部门规定的排污系数、物料衡算方法计算。《财

政部 税务总局 生态环境部关于环境保护税有关问题的通知》（财税〔2018〕23号）明确规定：“生态环境部尚未规定适用排污系数、物料衡算方法的，暂由纳税人参照缴纳排污费时依据的排污系数、物料衡算方法及抽样测算方法计算应税污染物的排放量。”根据以上政策法规，纳税人应当按照《关于发布计算环境保护税应税污染物排放量的排污系数和物料衡算方法的公告》（生态环境部、财政部、税务总局公告2021年第16号）的规定计算主要排放口应税大气污染物排放量。

该企业一般排放口未按照排污许可证要求的监测频次开展手工监测，因此根据《排污许可证申请与核发技术规范　水泥工业》（HJ 847—2017），“对于未按照排污许可证要求的监测频次及方法开展手工监测的，若是水泥（熟料）制造排污单位，应采用产污系数法核算全厂一般排放口颗粒物实际排放量”。

无排放口税源中矿石装卸、钢结构加工部分采用排污系数法核算；柴油、氨水和盐酸部分采用物料衡算方法核算。

因该企业暂未提供柴油储罐相关参数，此部分税额暂未核算。

（二）应税水污染物排放量核算

《环境保护税法》规定如下：

应税水污染物的计税依据，按照污染物排放量折合的污染当量数确定。

应税水污染物的污染当量数，以该污染物的排放量除以该污染物的污染当量值计算。每种应税水污染物的具体污染当量值，依照《环境保护税法》所附《应税污染物和当量值表》执行。

每一排放口的应税水污染物，按照《环境保护税法》所附《应税污染物和当量值表》，区分第一类水污染物和其他类水污染物，按照污染当量数从大到小排序，对第一类水污染物按照前五项征收环境保护税，对其他类水污染物按照前三项征收环境保护税。

应税水污染物的应纳税额，以该污染物的污染当量数乘以具体适用税额。

（三）应税固体废物排放量核算

《环境保护税法》规定如下：

应税固体废物的计税依据，按照固体废物的排放量确定。

应税固体废物的应纳税额为固体废物排放量乘以具体适用税额（应税固体废物每吨5~1000元）。

应税固体废物环境保护税惩罚措施：

纳税人有下列情形之一的，以其当期应税固体废物的产生量作为固体废物的排放量：①非法倾倒应税固体废物；②进行虚假纳税申报。

（四）应税噪声排放量核算

对该企业噪声检测报告数据与《工业企业厂界环境噪声排放标准》规定的二类功

能区的排放限值进行比对可以发现，2023 年第二季度存在夜间噪声超标情况。根据《环境保护税法》附件一《环境保护税税目税额表》中关于应税噪声的相关规定计算超标分贝数。

（五）按次申报排放量核算

《环境保护税法》第十八条规定，环境保护税按月计算，按季申报缴纳。不能按固定期限计算缴纳的，可以按次申报缴纳。第十九条规定，纳税人按次申报缴纳的，应当自纳税义务发生之日起十五日内，向税务机关办理申报并缴纳税款。

《环境保护税法》第十条第三项规定，因排放污染物种类多等原因不具备监测条件的，按照国务院生态环境主管部门规定的排污系数、物料衡算方法计算。

《财政部 税务总局 生态环境部关于环境保护税有关问题的通知》（财税〔2018〕23 号）明确规定："生态环境部尚未规定适用排污系数、物料衡算方法的，暂由纳税人参照缴纳排污费时依据的排污系数、物料衡算方法及抽样测算方法计算应税污染物的排放量。"

根据环境保护税相关法律法规的规定，应依照《关于发布计算环境保护税应税污染物排放量的排污系数和物料衡算方法的公告》（生态环境部、财政部、税务总局公告 2021 年第 16 号）的规定，参考《关于排污申报与排污费征收有关问题的通知》（环办〔2014〕80 号）等排污费征收相关规定计算应税污染物排放量。

（六）关于核算依据不足税务部门有权核定征收的法定依据

《税收征收管理法》第三十五条第一款明确规定，纳税人有下列情形之一的，税务机关有权核定其应纳税额：依照法律、行政法规的规定可以不设置账簿的；依照法律、行政法规的规定应当设置账簿但未设置的；擅自销毁账簿或者拒不提供纳税资料的；虽设置账簿，但账目混乱或者成本资料、收入凭证、费用凭证残缺不全，难以查账的；发生纳税义务，未按照规定的期限办理纳税申报，经税务机关责令限期申报，逾期仍不申报的；纳税人申报的计税依据明显偏低，又无正当理由的。

《税收征收管理法实施细则》第四十七条规定，纳税人有税收征管法第三十五条或者第三十七条所列情形之一的，税务机关有权采用下列任何一种方法核定其应纳税额：参照当地同类行业或者类似行业中经营规模和收入水平相近的纳税人的税负水平核定；按照营业收入或者成本加合理的费用和利润的方法核定；按照耗用的原材料、燃料、动力等推算或者测算核定；按照其他合理方法核定。采用前款所列一种方法不足以正确核定应纳税额时，可以同时采用两种以上的方法核定。纳税人对税务机关采取本条规定的方法核定的应纳税额有异议的，应当提供相关证据，经税务机关认定后，调整应纳税额。

四、2023年应纳税额

（一）主要排放口（窑头、窑尾）（见表7.2）

表7.2 2023年主要排放口排放应税污染物应纳税额

时间	征收品目	计算方法	熟料产量（t）	系数值	污染物排放量（kg）	污染当量数	应纳税额（元）
2023年1月	二氧化硫	物料衡算			3848.240886	4050.77988	0
	氮氧化物	排污系数	103947.640000	0.396	41163.26544	43329.75309	0
	烟尘	排污系数	103947.640000	5.61507	583673.2749	267740.0344	0
2023年2月	二氧化硫	物料衡算			5933.50696	6245.7968	0
	氮氧化物	排污系数	161806.800000	0.396	64075.4928	67447.88716	0
	烟尘	排污系数	161806.800000	5.61507	908556.5085	416769.0406	0
2023年3月	二氧化硫	物料衡算			6387.230874	6723.40092	24304.68
	氮氧化物	排污系数	158523.840000	0.396	62775.44064	66079.4112	259978.52
	烟尘	排污系数	158523.840000	5.61507	890122.4583	408313.0543	321288.04
2023年4月	二氧化硫	物料衡算			3410.386532	3589.88056	37474.78
	氮氧化物	排污系数	82949.250000	0.396	32847.903	34576.74	404687.32
	烟尘	排污系数	82949.250000	5.61507	465765.8452	213654.0574	500122.85
2023年5月	二氧化硫	物料衡算			6782.209562	7139.16796	40340.41
	氮氧化物	排污系数	139530.700000	0.396	55254.1572	58162.27074	396476.47
	烟尘	排污系数	139530.700000	5.61507	783474.6476	359392.0402	489975.67
2023年6月	二氧化硫	物料衡算			5394.67703	5678.6074	21539.28
	氮氧化物	排污系数	185299.620000	0.396	73378.64952	77240.68371	207460.44
	烟尘	排污系数	185299.620000	5.61507	1040470.337	477279.9712	256384.87
2023年7月	二氧化硫	物料衡算			6679.789644	7031.35752	42835.01
	氮氧化物	排污系数	104964.240000	0.396	41565.83904	43753.51478	348973.62
	烟尘	排污系数	104964.240000	5.61507	589381.5551	270358.5115	431270.45
2023年8月	二氧化硫	物料衡算			7492.425648	7886.76384	34071.64
	氮氧化物	排污系数	112229.060000	0.396	44442.70776	46781.79764	463444.10
	烟尘	排污系数	112229.060000	5.61507	630174.0279	289070.655	572735.97
2023年9月	二氧化硫	物料衡算			5788.606424	6093.26992	42188.15
	氮氧化物	排污系数	86497.490000	0.396	34253.00604	36055.79583	262521.09
	烟尘	排污系数	86497.490000	5.61507	485689.4612	222793.3308	324430.21
2023年10月	二氧化硫	物料衡算			1652.899528	1739.89424	47320.58
	氮氧化物	排污系数	97618.330000	0.396	38656.85868	40691.43019	280690.79
	烟尘	排污系数	97618.330000	5.61507	548133.7562	251437.5029	346884.79
2023年11月	二氧化硫	物料衡算			3848.240886	4050.77988	36559.62
	氮氧化物	排污系数	103947.640000	0.396	41163.26544	43329.75309	216334.78
	烟尘	排污系数	103947.640000	5.61507	583673.2749	267740.0344	267352.00

续表

时间	征收品目	计算方法	熟料产量（t）	系数值	污染物排放量（kg）	污染当量数	应纳税额（元）
2023 年 12 月	二氧化硫	物料衡算			5933. 50696	6245. 7968	10439. 37
	氮氧化物	排污系数	161806. 800000	0. 396	64075. 4928	67447. 88716	244148. 58
	烟尘	排污系数	161806. 800000	5. 61507	908556. 5085	416769. 0406	301725. 00
总计					7467225. 16511	3747106. 401680	7233959. 06

（二）一般排放口（见表 7. 3）

表 7. 3　一般排放口排放应税污染物应纳税额

时间	征收品目	计算基数	系数值	污染物排放量（kg）	污染当量数	应纳税额（元）
2023 年 1 月	一般性粉尘		1. 318828	0	0	0
2023 年 2 月			1. 318828	0	0	0
2023 年 3 月		103947. 640000	1. 318828	137089. 0582	34272. 26454	41126. 72
2023 年 4 月		161806. 800000	1. 318828	213395. 3384	53348. 83461	64018. 60
2023 年 5 月		158523. 840000	1. 318828	209065. 6789	52266. 41971	62719. 70
2023 年 6 月		82949. 250000	1. 318828	109395. 7935	27348. 94837	32818. 74
2023 年 7 月		139530. 700000	1. 318828	184016. 994	46004. 2485	55205. 10
2023 年 8 月		185299. 620000	1. 318828	244378. 3272	61094. 58181	73313. 50
2023 年 9 月		104964. 240000	1. 318828	138429. 7787	34607. 44468	41528. 93
2023 年 10 月		112229. 060000	1. 318828		0	0
2023 年 11 月		86497. 490000	1. 318828	114075. 3117	28518. 82794	34222. 59
2023 年 12 月		97618. 330000	1. 318828	128741. 7869	32185. 44673	38622. 54
总计				1478588. 0675	369647. 01689	443576. 42

（三）氨水贮存（见表 7. 4）

表 7. 4　氨水贮存排放应税污染物应纳税额

时间	征收品目	排放量计算方法	污染物排放量（kg）	污染当量数	应纳税额（元）
2023 年 3 月	氨	物料衡算	9. 8312	1. 081540154	1. 30
2023 年 5 月			14. 62	1. 608360836	1. 93
2023 年 6 月			15. 0256	1. 652981298	1. 98
2023 年 7 月			17. 1704	1. 888932893	2. 27
2023 年 8 月			19. 564	2. 152255226	2. 58
2023 年 10 月			29. 3576	3. 229658966	3. 88
2023 年 11 月			18. 3304	2. 016545655	2. 42
总计			123. 8992	13. 630275028	16. 36

（四）盐酸贮存（见表 7.5）

表 7.5　盐酸贮存排放应税污染物应纳税额

时间	征收品目	排放量计算方法	污染物排放量（kg）	污染当量数	应纳税额（元）
2023 年 4 月	氯化氢	物料衡算	0. 2282	0. 0212	0. 03
总计			0. 2282	0. 0212	0. 03

（五）钢结构加工（见表 7.6）

表 7.6　钢结构加工排放应税污染物应纳税额

时间	征收品目	计算基数	系数值	污染物排放量（kg）	污染当量数	应纳税额（元）
2023 年 1 月	一般性粉尘	0. 325	1. 523	0. 4950	0. 1237	0. 15
2023 年 2 月		0. 181	1. 523	0. 2757	0. 0689	0. 08
2023 年 3 月		0. 350	1. 523	0. 5331	0. 1333	0. 16
2023 年 4 月		3. 498	1. 523	5. 3275	1. 3319	1. 60
2023 年 5 月		0. 320	1. 523	0. 4874	0. 1218	0. 15
2023 年 6 月		6. 165	1. 523	9. 3893	2. 3473	2. 82
2023 年 7 月		0. 360	1. 523	0. 5483	0. 1371	0. 16
2023 年 8 月		0. 463	1. 523	0. 7051	0. 1763	0. 21
2023 年 9 月		0. 313	1. 523	0. 4767	0. 1192	0. 14
2023 年 10 月		0. 611	1. 523	0. 9306	0. 2326	0. 28
2023 年 11 月		0. 514	1. 523	0. 7828	0. 1957	0. 23
2023 年 12 月		0. 725	1. 523	1. 1042	0. 2760	0. 33
总计				21. 0557	5. 2638	6. 31

（六）石灰石装卸（见表 7.7）

表 7.7　石灰石装卸排放应税污染物应纳税额

时间	征收品目	计算基数	系数值	污染物排放量（kg）	污染当量数	应纳税额（元）
2023 年 1 月	一般性粉尘	0. 00	0. 6875	0. 0000	0. 0000	0. 00
2023 年 2 月		0. 00	0. 6875	0. 0000	0. 0000	0. 00
2023 年 3 月		148724. 58	0. 6875	102248. 1488	25562. 0372	30674. 44
2023 年 4 月		241384. 82	0. 6875	165952. 0638	41488. 0159	49785. 62
2023 年 5 月		243176. 20	0. 6875	167183. 6375	41795. 9094	50155. 09
2023 年 6 月		244438. 58	0. 6875	168051. 5238	42012. 8809	50415. 46
2023 年 7 月		266534. 38	0. 6875	183242. 3863	45810. 5966	54972. 72
2023 年 8 月		149338. 16	0. 6875	102669. 9850	25667. 4963	30801. 00
2023 年 9 月		317877. 18	0. 6875	218540. 5613	54635. 1403	65562. 17

续表

时间	征收品目	计算基数	系数值	污染物排放量（kg）	污染当量数	应纳税额（元）
2023 年 10 月	一般性粉尘	327589. 21	0. 6875	225217. 5819	56304. 3955	67565. 27
2023 年 11 月		256726. 48	0. 6875	176499. 4550	44124. 8638	52949. 84
2023 年 12 月		217486. 78	0. 6875	149522. 1613	37380. 5403	44856. 65
总计				1659127. 50	414781. 88	497738. 26

（七）绿化用水

因企业未提供检测报告，故无法对此部分应纳税额进行核算。

（八）应税噪声（见表 7. 8）

表 7. 8　应税噪声应纳税额

年份	月份	税源	超标值	应纳税额（元）	合计（元）
2023	4	东厂界	8	1400. 00	7000. 00
		西厂界	7	1400. 00	
		南厂界	5	700. 00	
		北厂界	7	1400. 00	
	5	东厂界	8	1400. 00	7000. 00
		西厂界	9	1400. 00	
		南厂界	6	700. 00	
		北厂界	7	1400. 00	
	6	东厂界	7	1400. 00	7000. 00
		西厂界	8	1400. 00	
		南厂界	5	700. 00	
		北厂界	9	1400. 00	
总计				21000. 00	

（九）按次申报（见表 7. 9）

表 7. 9　按次申报应纳税额

应税污染物种类	排放量（kg）	污染当量值（kg）	污染当量数	应纳税额（元）
苯	194. 3986818	0. 05	3887. 973636	4665. 57
甲苯	388. 7973636	0. 18	2159. 985354	2591. 98
二甲苯	971. 9934091	0. 27	3599. 975589	4319. 97
总计	1555. 1894545	—	9647. 934579	11577. 52

（十）应纳税额总计（见表 7.10）

表 7.10　应纳税额总计

应税污染物种类	税源	应纳税额（元）
大气污染物	主要排放口（窑头、窑尾）	7233959.06（建议征收）
	一般排放口	443576.42（建议征收）
	氨水贮存	16.36（建议征收）
	盐酸贮存	0.03（建议征收）
	钢结构加工	6.31（建议征收）
	石灰石装卸	497738.26（建议征收）
水污染物	绿化用水	数据不足，无法核算
噪声	厂界噪声	21000.00（建议征收）
按次申报		11577.521495（建议征收）
总计		12582390.01

案例3　某扩建污水处理厂环境保护税的核定与征收

某企业位于山东省，依托现有工程配套的污水管网进行升级改造，工程设计处理能力 2 万 m^3/d，采用“粗格栅+提升泵站+细格栅+曝气沉砂池+初沉池+改良 AAO 工艺+二沉池+芬顿催化氧化池+絮凝沉淀池+二次提升泵站+臭氧催化氧化+NaClO 消毒”工艺。污水处理站排放的硫化氢和氨气经收集处理后排放，硫酸气体为无组织排放。企业主要处理工业园区的工业废水和部分居住区生活污水，处理后的废水排入地表水体。建有 1 个危险废物贮存库，产生的危废交由有资质的第三方进行处置。企业只有 1 个厂区，有东、西、南、北四个厂界。

根据环评批复、验收批复，该企业废水排放口水污染物执行《流域水污染物综合排放标准　第 2 部分：沂沭河流域》（DB 37/3416.2—2018）的排放标准，即

COD_{Cr}：40mg/L　总磷：0.3mg/L　BOD_5：10mg/L　悬浮物：10mg/L
动植物油：1mg/L　石油类：1mg/L　阴离子表面活性剂：0.5mg/L
氨氮：5mg/L　总汞：0.001mg/L　总镉：0.01mg/L　总铬：0.1mg/L
六价铬：0.05mg/L　总砷：0.1mg/L　总铅：0.1mg/L　苯并芘：0.00003mg/L
挥发酚：0.2mg/L　硫化物：0.5mg/L　氟化物：2mg/L　总氰化物：0.2mg/L
苯：0.1mg/L

危险废物贮存及处置执行《危险废物贮存污染控制标准》（GB 18597—2023）。厂界噪声执行《工业企业厂界环境噪声排放标准》（GB 12348—2008）中的 3 类标准，即昼间 65dB、夜间 55dB。

试分析该污水处理厂的环境保护税：①税源；②应税污染物税目；③核算应税污

染物排放量；④计算每月应纳税额。

一、税源识别

（一）确定排放污染物类型

通过调取企业的环境影响评价文件、应急预案等资料，结合现场勘察企业生产工艺流程等实际情况，确定企业税源。该企业主要排放水污染物、大气污染物、固体废物和噪声。

（二）确定税源

根据现场调查，排放应税污染物的税源共计 8 个，其中，大气污染物税源 2 个、水污染物税源 1 个、固体废物税源 1 个、噪声税源 4 个。具体情况如下：①有排放口排放的税源为污水处理站废气排放口，没有排放口排放的税源为硫酸的无组织排放。②企业主要处理工业园区的工业废水和部分居住区生活污水，处理后的废水排入地表水体，属于直接向环境排放应税水污染物的行为，应当依法进行纳税申报。③企业建有 1 个危险废物贮存库，产生的危废交由有资质的第三方进行处置，共 1 个固体废物应税税源。④企业只有 1 个厂区，有东、西、南、北四个厂界，厂界均超过 100m，涉及 4 个噪声税源。

二、应税污染物税目

（一）应税大气污染物税目的确定

《环境保护税法》所附《应税污染物和当量值表》中明确规定，应税大气污染物有二氧化硫、氮氧化物等 44 种。通过调阅企业环保文件、实地勘察，对相关工艺参数及数据进行收集、核实及分析，最终可确定该企业应税大气污染物的税目。

该企业污水处理站废气排放口的应税大气污染物税目分别为硫化氢及氨气。

企业在使用硫酸调节 pH 值的过程中会直接向环境排放硫酸雾，税目为硫酸雾。

（二）应税水污染物税目的确定

《环境保护税法》所附《应税污染物和当量值表》中明确规定，应税水污染物共 65 种，其中第一类应税水污染物包括总汞和总铬等 10 种、其他类应税水污染物包括悬浮物和生化需氧量等 55 种。

该企业将处理后的生活污水和工业废水直接排入河流，属于直接向环境排放应税污染物的行为，应当依法缴纳环境保护税。排放口可能排放的税目有化学需氧量、五日生化需氧量、悬浮物、氨氮、阴离子表面活性剂、总磷、石油类、动植物油、总汞、总镉、总铬、总镍、总铍、总铅等。根据企业提供的在线监测数据核算废水排放口各污染物的排放量，然后对污染当量数进行排序，第一类污染物取前五项作为应税税目，其他类水污染物取前三项作为应税税目。

（三）应税固体废物税目的确定

《环境保护税法》所附《环境保护税税目税额表》中明确规定，共有煤矸石、尾矿、危险废物、粉煤灰、炉渣、冶炼渣及其他固体废物七类固体废物需要缴纳环境保护税，其中其他类固体废物山东省人民政府暂未具体明确，因此目前不予考虑。危险废物的种类依据《国家危险废物名录（2025 年版）》确定。

该企业应税固体废物为危险废物。危险废物涉及废润滑油、废矿物油以及含矿物油废物等。

（四）应税噪声税目的确定

该企业噪声排放执行标准为《工业企业厂界环境噪声排放标准》（GB 12348—2008）中的 3 类标准。

三、核算应税污染物排放量

依据《环境保护税法》及其实施条例、《关于环境保护税有关问题的通知》的规定核算应税污染物排放量。

（一）应税大气污染物排放量的核算

污水处理站废气排放口有监测报告，因此采用监测法核算污染物的排放量。

无排放口税源硫酸雾的排放量沿用排污系数核算。

（二）应税水污染物排放量的核算

采用在线监测法核算废水排放口应税水污染物的排放量。

（三）应税固体废物排放量的核算

依据《环境保护税法》第四条的规定，企业应税固体废物为危险废物，该危险废物贮存库符合危废贮存、处置相关要求，故不对此部分进行核算。

（四）应税噪声排放量的核算

企业委托具有 CMA 资质的第三方监测机构对厂区厂界进行噪声监测，并出具合规的检测报告，将检测报告数据与《工业企业厂界环境噪声排放标准》（GB 12348—2008）规定的三类功能区的排放限值进行比对，均达标排放。故不对此部分进行核算。

四、计算应纳税额

所有应纳税额以某一个月为例进行核算。

（一）应税大气污染物应纳税额的核算

废气排放口采用监测法核算，具体情况见表 7.11。

表 7.11 污水处理站废气排放口排放量的核算

排放口名称	征收品目	污染物排放浓度（mg/m^3）	烟气量（m^3/h）	运行时间（h）	污染物排放量（kg）	污染当量数	应纳税额（元）
污水处理站废气排放口	氨	1.9667	17933	736	25.9574	2.8556	3.43
	硫化氢	0.0217	17933	736	0.2860	0.9861	1.18

无排放口税源采用排污系数法核算，具体情况见表 7.12。

表 7.12 无组织排放口应税大气污染物排放量的核算

投用药剂名称	使用量（kg）	浓度	挥发系数	硫酸烟雾排放量（kg）	污染当量数	应纳税额（元）
浓硫酸	32410	0.98	0.0002	6.3524	10.5873	12.70

（二）应税水污染物应纳税额的核算

废水排放口税源采用在线监测法核算，具体情况见表 7.13。

表 7.13 废水排放口应税水污染物应纳税额

征收品目	废水排放总量（t）	污染物排放浓度（mg/L）	污染物排放量（kg）	污染当量数	应纳税额（元）	减免税额（元）	实缴税额（元）
COD_{Cr}	181376	13.3332	2430.1	2430.1	7290.30	3645.15	3645.15
总氰化物	181376	0.2	36.2752	725.504	1015.71	0.00	1015.71
苯	181376	0.1	18.1376	906.88	1269.63	0.00	1269.63
总汞	181376	0.00048	0.0871	174.121	522.36	261.18	261.18
总镉	181376	0.002	0.3628	72.5504	217.65	108.83	108.83
六价铬	181376	0.009	1.6324	81.6192	114.27	57.13	57.13
苯并芘	181376	0.00003	0.0054	18137.6	25392.64	0.00	25392.64

案例 4 某发电厂环境保护税的核定与征收

某发电公司位于辽宁省，运行的机组为 2 台 20 万千瓦机组，配套 2 台 670t/h 煤粉炉，2 台 35 万千瓦机组，配套 2 台 1165t/h 煤粉炉，装机总容量达 110 万千瓦，采用石灰石-石膏湿法脱硫和 SCR 脱硝技术。01、02 号两台 20 万千瓦的燃煤发电机组分别于 1996 年和 2001 年投产，03、04 号 35 万千瓦燃煤发电机组分别于 2007 年 4 月和 10 月投产。

企业大气污染物排放口包括 01 号和 02 号锅炉共用排放口、03 号锅炉排放口、04 号锅炉排放口、原煤仓除尘排放口 16 个、石灰石粉仓除尘排放口 2 个、粉煤灰仓除尘排放口 3 个和原煤筒仓除尘排放口 6 个，无组织排放来源于巴斯灰场、海州矿坑灰场和燃料煤装卸无组织排放的一般性粉尘。该企业厂区内只有一个污水排放口，废水全部排入下游城市污水处理厂，厂区内绿化废水来源于下游污水处理厂生产的中水，日常生产过程中产生的含煤废水、脱硫废水均循环使用到生产系统，不直接向环境排放应税水污染物。企业厂区外的巴斯灰场设有一个渗水溢流口，对外排放污水，并委托有 CMA 资质的单位监测废水排放情况。企业固体废物主要包括危险废物和一般工业固体废物两种，危险废物包括实验室化验废液、废矿物油、废油桶和废脱硝催化剂等；一般工业固体废物包括粉煤灰、炉渣。其中，危险废物暂存于仓库区域的危险废物贮存库中，定期转移给有资质的处置单位处置，但现场勘察过程中发现危险废物贮存库地面有明显裂缝，存在无法满足防渗要求的可能性；粉煤灰一部分在巴斯灰场和海州矿坑灰场贮存、另一部分外销至综合利用单位，炉渣全部外销至综合利用单位。该企业昼夜连续生产，厂界噪声执行《工业企业厂界环境噪声排放标准》（GB 12348—2008）中的稳态噪声标准（3 类标准），昼间 65 分贝、夜间 55 分贝，无频发和偶发噪声排放标准。

试分析该污水处理厂的环境保护税：①税源；②应税污染物税目；③核算应税污染物排放量；④计算每月应纳税额。

一、税源识别

（一）确定排放污染物类型

通过调取企业的环境影响评价文件、应急预案等资料，结合现场勘察企业生产工艺流程等实际情况，确定企业税源。该企业主要排放大气污染物、水污染物、固体废物和噪声。

（二）确定税源

1. 应税大气污染物税源

根据现场调查，企业涉及排放应税大气污染物的税源 33 个，包括 3 个主要排放口税源（包括 01 号和 02 号锅炉共用排放口、03 号锅炉排放口、04 号锅炉排放口）、27 个一般排放口税源（包括原煤仓除尘排放口 16 个、石灰石粉仓除尘排放口 2 个、粉煤灰仓除尘排放口 3 个和原煤筒仓除尘排放口 6 个）、3 个没有排放口税源（巴斯灰场、海州矿坑灰场和燃料煤装卸无组织排放的一般性粉尘）。具体税源情况如下：

（1）有排放口排放的税源。

01 号、02 号锅炉净烟气排放口（DA001），采用电袋复合除尘器、石灰石-石膏湿法脱硫系统和高效低氮燃烧器+SNCR+SCR+臭氧脱硝装置净化废气。

03 号锅炉净烟气排放口（DA002），采用电袋复合除尘器、石灰石-石膏湿法脱硫系统和高效低氮燃烧器+SCR 脱硝装置净化废气。

04 号锅炉净烟气排放口（DA003），采用电袋复合除尘器、石灰石-石膏湿法脱硫系统和高效低氮燃烧器+SCR 脱硝装置净化废气。

一般排放口税源。企业 27 个一般排放口税源主要采用袋式除尘器净化废气。

（2）没有排放口排放的税源。

该企业没有排放口税源，主要包括巴斯灰场、海州矿坑灰场和燃料煤装卸一般性粉尘的无组织排放。

2. 应税水污染物税源

该企业厂区内只有一个污水排放口——DW001 废水总排口，废水全部排入下游城市污水处理厂，厂区内绿化废水来源于下游污水处理厂生产的中水，日常生产过程中产生的含煤废水、脱硫废水均循环使用到生产系统，不直接向环境排放应税水污染物。企业厂区外的巴斯灰场设有一个渗水溢流口，对外排放污水，并委托具有 CMA 资质的单位监测废水排放情况。

3. 应税固体废物税源

该企业应税固体废物主要包括危险废物和一般工业固体废物两种，危险废物包括实验室化验废液、废矿物油、废油桶和废脱硝催化剂等，一般工业固体废物包括粉煤灰、炉渣。其中：危险废物暂存于仓库区域的危险废物贮存库中，定期转移给有资质的处置单位处置，但现场勘察过程中发现危险废物暂存库地面有明显裂缝，存在无法满足防渗要求的可能性；一般工业固体废物方面，粉煤灰一部分在巴斯灰场和海州矿坑灰场贮存、另一部分外销至综合利用单位，炉渣全部外销至综合利用单位。

4. 应税噪声税源

该企业昼夜连续生产，厂界噪声执行《工业企业厂界环境噪声排放标准》（GB 12348—2008）中的稳态噪声标准（3 类标准）。该企业只有 1 个厂区，有东、西、南、北 4 个厂界，均超过 100 米，涉及 4 个噪声税源。

二、应税污染物税目

（一）应税大气污染物税目的确定

《环境保护税法》所附《应税污染物和当量值表》明确规定，应税大气污染物有二氧化硫、氮氧化物等 44 种。通过调阅该企业环保文件、排污许可证，同时对实际的作业场地、工艺流程以及相关污染防治设施运行情况进行实地勘察，对相关工艺参数及数据进行收集、核实及分析，最终确定该企业应税大气污染物的税目。

（1）01 号、02 号、03、04 号锅炉净烟气排放口，废气均属于燃烧烟气，成分较为复杂，企业没有针对燃烧烟气可能含有的各种税目委托第三方监测机构进行监测，缺少应税税目的筛选依据，本次调研只能考虑现有监测数据和相关排（产）污系数，对应税税目进行筛选和排序，主要涉及烟尘（30/10mg/m^3）、二氧化硫（200/35mg/m^3）、氮氧化物（200/50mg/m^3）、汞及其化合物（0.03mg/m^3）和一氧化碳。（辽宁省地方标准

实施前执行国家行业排放标准)

(2) 27 个一般废气排放口，排放的应税大气污染物为一般性粉尘，本次调研按照相关产排污系数进行应纳税额的核算。

(3) 无排放口税源排放的税目。企业无排放口税源涉及的税目主要包括巴斯灰场、海州矿坑灰场和燃料煤装卸一般性粉尘的无组织排放。

(二) 应税水污染物税目的确定

《环境保护税法》所附《应税污染物和当量值表》明确规定，应税水污染物共 65 种，其中第一类应税水污染物包括总汞和总铬等 10 种、其他类应税水污染物包括悬浮物和生化需氧量等 55 种。

企业将废水全部排入下游城市污水处理厂，厂区内绿化废水来源于下游污水处理厂生产的中水，日常生产中产生的含煤废水、脱硫废水均循环使用到生产系统，不直接向环境排放。企业厂区外的巴斯灰场设有一个渗水溢流口，对外排放污水，并委托有 CMA 资质的机构监测废水排放情况。

(三) 应税固体废物税目的确定

《环境保护税法》所附《环境保护税税目税额表》明确规定，煤矸石、尾矿、危险废物、粉煤灰、炉渣、冶炼渣、其他固体废物七类固体废物需要缴纳环境保护税，其中其他类固体废物，辽宁省人民政府暂未明确，因此目前不予考虑。危险废物的种类依据《国家危险废物名录（2025 年版）》确定。

该企业涉及的应税固体废物主要为一般工业固体废物粉煤灰和炉渣，危险废物包括实验室化验废液、废矿物油、废油桶和废脱硝催化剂等。

(四) 应税噪声税目的确定

企业厂界超过 100 米，应税噪声的税目分别为东、南、西、北四个厂界。未开展噪声监测工作，没有达标排放的相关凭证。

三、核算应税污染物排放量

依据《环境保护税法》及其实施条例、《关于环境保护税有关问题的通知》的规定核算应税污染物排放量。

(一) 应税大气污染物排放量核算

本次核算对主要排放口采用在线监测数据以及监测报告进行税目的排序并核算污染物排放量，一般排放口的应税污染物按照产排污系数法核算污染物的排放量。

(二) 应税水污染物排放量核算

采用在线监测法核算企业巴斯灰场渗水溢流口应税水污染物的排放量。

（三）应税固体废物排放量核算

该企业的应税固体废物主要为一般工业固体废物粉煤灰、炉渣，以及企业生产过程中废弃的实验室化验废液、废矿物油、废油桶和废脱硝催化剂等。在现场勘察过程中，发现企业的危险废物贮存库地面存在明显的裂缝，不符合防渗的危险废物贮存条件。依据企业提供的数据，粉煤灰一部分转移至建筑材料有限责任公司综合利用，另一部分转移至巴斯灰场、海州矿坑灰场贮存，炉渣全部转移至建筑材料有限责任公司综合利用。但在综合利用方面，企业没有按照工业和信息化部下发的《工业固体废物资源综合利用评价管理暂行办法》第七条规定，“开展工业固体废物资源综合利用评价”工作，不符合免税条件；本次评估按照危险废物产生量以及粉煤灰综合利用量来核算应税固体废物排放量。

（四）应税噪声排放量核算

该企业未开展噪声监测工作，没有达标排放的相关凭证，本次评估过程中按照超标排放核定应税噪声排放量。

四、计算应纳税额

所有应纳税额以某一个月为例进行核算。

（一）应税大气污染物应纳税额的计算

1. 有排放口排放应税大气污染物应纳税额

企业有排放口税源包括01号和02号锅炉净烟气排放口、03号锅炉净烟气排放口、04号锅炉净烟气排放口、27个一般排放口税源。本次核算主要采用企业在线监测数据、产排污系数进行核算，各排放口应纳税额的具体情况如下：

（1）DA001（01号、02号锅炉净烟气排放口），汞及其化合物依据执行标准核定排放量；一氧化碳依据原排污费核算方法核算排放量；烟尘、二氧化硫、氮氧化物依据自动监测数据核算排放量，对排放税目的污染当量数进行筛分排序后，取前三项核算应纳税额。

（2）DA002（03号锅炉净烟气排放口），汞及其化合物依据执行标准核定未监测时段的排放量；一氧化碳依据原排污费核算方法核算排放量；烟尘、二氧化硫、氮氧化物依据自动监测数据核算排放量，对排放税目的污染当量数进行筛分排序后，取前三项核算应纳税额。

（3）DA003（04号锅炉净烟气排放口），汞及其化合物依据执行标准核定未监测时段的排放量；一氧化碳依据原排污费核算方法核算排放量；烟尘、二氧化硫、氮氧化物依据自动监测数据核算排放量，对排放税目的污染当量数进行筛分排序后，取前三项核算应纳税额。

（4）企业没有对现有27个一般排放口开展委托监测工作，没有相应监测数据。本次核算采用排（产）污系数法核算相应税源的应纳税额。

2. 没有排放口排放的应税大气污染物应纳税额

该企业无排放口税源按照排（产）污系数法核算污染物的排放量。

各税源应纳税额见表7.14至表7.16。

表7.14 各机组的锅炉排放口应纳税额

税源	税目	烟气量（10^4m^3）	平均浓度（mg/m^3）	排放量（kg）	当量值（kg）	污染当量数	应纳税额（元）	减免税额（元）	实缴税额（元）
01号、02号锅炉净烟气排放口	二氧化硫	136797.40	2.61	3612.61	0.95	3802.75	9126.59	0.00	9126.59
	氮氧化物	136797.40	24.18	33231.73	0.95	34980.77	83953.84	0.00	83953.84
	一氧化碳			43546.82	16.70	2607.59	3129.11	0.00	3129.11
03号锅炉净烟气排放口	二氧化硫	83082.52	6.59	5490.22	0.95	5779.18	13870.03	0.00	13870.03
	氮氧化物	83082.52	41.74	34788.58	0.95	36619.56	87886.94	0.00	87886.94
	一氧化碳			27773.65	16.70	1663.09	1995.71	0.00	1995.71
04号锅炉净烟气排放口	二氧化硫	88704.96	10.05	8941.88	0.95	9412.51	22590.01	0.00	22590.01
	氮氧化物	88704.96	34.62	30780.68	0.95	32400.72	77761.72	0.00	77761.72
	一氧化碳			23901.37	16.70	1431.22	1717.46	0.00	1717.46

表7.15 一般排放口应纳税额

时间	税源	税目	基数（t）	排污系数（kg/t）	排放量（kg）	污染当量数	应纳税额（元）
2021年1月	01号机组原煤仓1号除尘排放口	一般性粉尘	44029.00	0.016	704.46	176.12	211.34
	01号机组原煤仓2号除尘排放口		44029.00	0.016	704.46	176.12	211.34
	02号机组原煤仓1号除尘排放口		50638.00	0.016	810.21	202.55	243.06
	02号机组原煤仓2号除尘排放口		50638.00	0.016	810.21	202.55	243.06
	03号机组原煤仓1号除尘排放口		20125.83	0.016	322.01	80.50	96.60
	03号机组原煤仓2号除尘排放口		20125.83	0.016	322.01	80.50	96.60
	03号机组原煤仓3号除尘排放口		20125.83	0.016	322.01	80.50	96.60

续表

时间	税源	税目	基数（t）	排污系数（kg/t）	排放量（kg）	污染当量数	应纳税额（元）
2021年1月	03号机组原煤仓4号除尘排放口	一般性粉尘	20125.83	0.016	322.01	80.50	96.60
	03号机组原煤仓5号除尘排放口		20125.83	0.016	322.01	80.50	96.60
	03号机组原煤仓6号除尘排放口		20125.83	0.016	322.01	80.50	96.60
	04号机组原煤仓1号除尘排放口		17319.83	0.016	277.12	69.28	83.14
	04号机组原煤仓2号除尘排放口		17319.83	0.016	277.12	69.28	83.14
	04号机组原煤仓3号除尘排放口		17319.83	0.016	277.12	69.28	83.14
	04号机组原煤仓4号除尘排放口		17319.83	0.016	277.12	69.28	83.14
	04号机组原煤仓5号除尘排放口		17319.83	0.016	277.12	69.28	83.14
	04号机组原煤仓6号除尘排放口		17319.83	0.016	277.12	69.28	83.14
	01和02号机组石灰石粉仓除尘排放口		9031.89	0.016	144.51	36.13	43.35
	03和04号机组石灰石粉仓除尘排放口		15704.71	0.016	251.28	62.82	75.38
	4号粉煤灰仓顶除尘排放口		11764.00	0.016	188.22	47.06	56.47
	5号粉煤灰仓顶除尘排放口		11764.00	0.016	188.22	47.06	56.47
	6号粉煤灰仓顶除尘排放口		11764.00	0.016	188.22	47.06	56.47
	1号燃料煤筒仓除尘排放口		66554.83	0.016	1064.88	266.22	319.46
	2号燃料煤筒仓除尘排放口		66554.83	0.016	1064.88	266.22	319.46
	3号燃料煤筒仓除尘排放口		66554.83	0.016	1064.88	266.22	319.46
	4号燃料煤筒仓除尘排放口		66554.83	0.016	1064.88	266.22	319.46
	5号燃料煤筒仓除尘排放口		66554.83	0.016	1064.88	266.22	319.46
	6号燃料煤筒仓除尘排放口		66554.83	0.016	1064.88	266.22	319.46

表7.16 无排放口税源应纳税额

税源	税目	排放量（kg）	当量值（kg）	污染当量数	应纳税额（元）
巴斯灰场无组织排放	一般性粉尘	78505.689600	4	19626.4224	23551.71
海州矿坑灰场无组织排放		78527.487604	4	19631.8719	23558.25
燃煤装卸无组织排放		39.116679	4	9.7792	11.74

（二）应税水污染物应纳税额的计算

采用在线监测法计算应税水污染物的应纳税额，具体情况见表7.17。

表7.17 应税水污染物应纳税额

税源	税目	废水排放量（m^3）	浓度（mg/L）	排放量（kg）	污染当量数	应纳税额（元）	减免税额（元）	实缴税额（元）
巴斯灰场渗水溢流口	化学需氧量	27822.38	8.33	231.85	231.85	649.19	0.00	649.19
	悬浮物	27822.38	7.83	217.94	54.49	76.28	0.00	76.28
	氟化物	27822.38	1.12	31.25	62.51	87.51	0.00	87.51

（三）应税固体废物应纳税额的核算

应税固体废物应纳税额主要包括危险废物应纳税额和一般工业固体废物综合利用部分的应纳税额。因企业危险废物贮存场所地面有明显裂缝，涉及危险废物贮存不合规的问题，应当按当月危险废物产生量核定环境保护税。一般工业固体废物综合利用部分，因企业未能提供综合利用评价报告，不属于综合利用。核算税额具体情况见表 7.18。

表 7.18　应税固体废物应纳税额

税目	排放量（t）	应纳税额（元）
粉煤灰	16708.51	417712.75
炉渣	5284.42	132110.50
危险废物	3.40	3400.00
合计		553223.25

（四）应税噪声应纳税额的核算

该企业厂界噪声执行《工业企业厂界环境噪声排放标准》（GB 12348—2008）3 类标准，厂界超过 100 米。企业未开展厂界噪声监测工作，没有达标排放的相关凭证，本次按照最高（>16 分贝）超标排放核定应税噪声应纳税额。具体情况见表 7.19。

表 7.19　应税噪声应纳税额

税源	超标	时间	税额（元/月）	应纳税额（元）
东厂界	>16 分贝	12 个月	11200	134400.00
西厂界	>16 分贝	12 个月	11200	134400.00
南厂界	>16 分贝	12 个月	11200	134400.00
北厂界	>16 分贝	12 个月	11200	134400.00
合计				537600.00

案例 5　某船舶厂环境保护税的核定与征收

某船舶重工集团位于辽宁省，其生产区分为三部分，即船体工艺区、涂装工艺区和舾装工艺区。其中，船体工艺区承担钢材预处理、钢料加工、部件装焊、分段装焊、总段建造、船体大合拢以及相应的预舾装工作；涂装工艺区主要负责船体分段的二次除锈和涂装工作；舾装工艺区承担全船单元组装、大型单元组装、分段预舾装、船内舾装和码头调试及试航交船工作。

企业主要排放口为各个场区涂装车间的有机废气排放口，企业一般排放口为各个场区喷砂车间的除尘器排放口和污水处理站废气排放口，无组织排放包括一工场焊接无组织、一工场室外喷涂无组织、二工场焊接无组织和二工场室外喷涂无组织。该企业将各场区的生活污水经管道汇总后排入各场区的污水处理站，处理达标后，直接排至大连湾四类海域。固体废物为危险废物。

根据企业提供的环评报告以及相关批复、验收文件和排污许可证，该企业挥发性有机物执行辽宁省地方性标准《工业涂装工序挥发性有机物排放标准》（DB 21/3160—2019）的限值要求，即苯 $1mg/m^3$、甲苯 $3mg/m^3$、二甲苯 $25mg/m^3$；颗粒物执行《大气污染物综合排放标准》（GB 16297—1996）中的二级标准，即颗粒物 $120mg/m^3$；硫化氢、氨执行《恶臭污染物排放标准》（GB 14554—93）限值要求，即硫化氢 0.33kg/h、氨 4.9kg/h。该企业废水排放执行辽宁省《污水综合排放标准》（DB 21/1627—2008）中表 1 直接排放的水污染物最高允许排放浓度限值，即悬浮物 20mg/L、BOD_5 10mg/L、COD_{Cr} 50mg/L、氨氮 8（10）（括号外数值为水温>12℃时的控制指标，括号内数值为水温≤12℃时的控制指标）mg/L、石油类 3mg/L、总磷 0.5mg/L；阴离子表面活性剂执行《污水综合排放标准》（GB 8978—1996）中表 4 的二级标准，即阴离子表面活性剂 10mg/L。该企业危险废物贮存及处置执行《危险废物贮存污染控制标准》（GB 18597—2023）。该企业噪声执行《工业企业厂界环境噪声排放标准》（GB 12348—2008）中的 3 类标准，即昼间 65 分贝、夜间 55 分贝。

试分析该污水处理厂的环境保护税：①税源；②应税污染物税目；③核算应税污染物排放量；④计算每月应纳税额。

一、税源识别

（一）确定排放污染物类型

通过调取企业的环境影响评价文件、应急预案等相关资料，结合现场勘察企业生产工艺流程等实际情况，确定企业税源。该企业主要排放水污染物、大气污染物、固体废物和噪声。

（二）确定税源

1. 应税大气污染物税源

企业排放应税大气污染物的税源包括有排放口排放的税源和无排放口排放的税源两部分。该企业应税大气污染物税源共 74 个，其中有排放口排放的税源 70 个、没有排放口排放的税源 4 个，具体情况如下：

（1）主要排放口税源。

企业主要排放口税源为各个场区涂装车间的有机废气排放口，共计 23 个。企业主体主要由一工场、二工场两大场区和三区组成。一工场主要进行军用船舶生产制造，涂装车间有一喷二涂车间和三喷八涂车间，其中三喷八涂车间共有 2 个有机废气主要排放口，一喷二涂车间共有 4 个有机废气主要排放口。二工场主要为民用船舶生产制造，涂装车间有1个二喷五涂车间和3个一喷三涂车间，其中二喷五涂车间共有5个有机废气排放口、3个一喷三涂车间共有3个有机废气排放口。三区主要为国家大型船舶工程建设项目征用的香炉礁港作业区，有一个三喷九涂车间，该车间有9个有机废气排放口。

（2）一般排放口税源。

企业一般排放口的税源为各个场区喷砂车间的除尘器排放口和污水处理站废气排放口，共计47个；其中，一工场三喷八涂车间共有20个除尘器一般排放口，二工场二喷五涂车间共有2个除尘器一般排放口，一喷三涂车间共有4个除尘器一般排放口，三区三喷九涂车间共有20个除尘器一般排放口，污水处理站设有1个臭气排放口。上述税源以及税源的排放情况没有进行采集申报。

（3）没有排放口的应税大气污染物税源。

该企业共发现没有排放口的税源4个，分别为一工场焊接无组织、一工场室外喷涂无组织、二工场焊接无组织和二工场室外喷涂无组织。

2. 应税水污染物税源

该企业将各场区的生活污水经管道汇总后排入各场区的污水处理站，处理达标后，直接排至大连湾四类海域。企业共有4个应税水污染物的税源，分别为一工场的14#排放口和18#排放口、二工场的32#排放口和34#排放口。对上述税源及税源的排放情况，企业进行了采集申报，计税依据为污染物在线监测排放量折合的污染当量数。

3. 应税固体废物税源

该企业涉及的应税固体废物为危险废物，包括废矿物油、废活性纤维、漆渣、废漆料桶、废油桶等。该企业会定期委托有资质的废弃物处理有限公司、再生油品有限公司、石化集团有限公司对危险废物进行处置，有处置协议及危险废物转移联单。

4. 应税噪声税源

该企业应税噪声税源共8个，分别为一工场和二工场各自的东、南、西、北四个厂界噪声。

二、应税污染物税目

（一）应税大气污染物税目的确定

《环境保护税法》所附《应税污染物和当量值表》中明确规定，应税大气污染物有二氧化硫、氮氧化物等44种。通过调阅该公司环评验收文件以及排污许可证，实地勘察作业场地、工艺流程以及相关污染防治设施运行情况，收集、核实及分析相关工艺参数及数据，最终确定该公司应税大气污染物的税目。

1. 有机废气主要排放口税目

企业有机废气排放口为各喷涂车间废气排放口。企业在喷涂作业施工过程中会直接向环境排放苯、甲苯和二甲苯，税目分别为苯、甲苯和二甲苯。

2. 喷砂车间一般排放口税目

企业在各喷砂车间分别配备滤筒除尘器，在回砂过程中产生的粉尘分别配套安装旋风除尘+滤筒除尘器，处理后的废气汇总后通过对应的排气筒排放，这些排放口均向环境排放一般性粉尘，税目为一般性粉尘。

3. 污水处理站废气排放口税目

企业污水处理站运行过程中会产生恶臭气体，主要是硫化氢和氨，税目是硫化氢和氨。

4. 没有排放口税源的税目

该企业没有排放口的税源主要是焊接过程中的无组织排放和室外喷涂过程中的无组织排放。企业在焊接作业过程中会直接向环境排放一般性粉尘，税目为一般性粉尘。在室外喷涂过程中会直接向环境排放苯、甲苯和二甲苯，税目为苯、甲苯和二甲苯。

（二）应税水污染物税目的确定

《环境保护税法》所附《应税污染物和当量值表》中明确规定，应税水污染物共65种，其中第一类应税水污染物包括总汞和总铬等10种、其他类应税水污染物包括悬浮物和生化需氧量等55种。

企业生活污水经污水处理设施处理后直接向海域排放，属于直接向环境排放应税污染物的行为，应当依法缴纳环境保护税。通过梳理企业的排污许可证、环评报告以及监督性监测报告和手工监测报告等资料，该排放口可能排放的税目有化学需氧量、五日生化需氧量、悬浮物、氨氮、阴离子表面活性剂、总磷、石油类、动植物油、总汞、总镉、总铬、总镍、总铍、总铅等。根据企业提供的在线监测数据核算废水排放口各污染物的排放量，然后将污染当量数排序，第一类水污染物取前五项作为应税税目，其他类水污染物取前三项作为应税税目。

（三）应税固体废物税目的确定

《环境保护税法》所附《环境保护税税目税额表》中明确规定，共有煤矸石、尾矿、粉煤灰、炉渣、冶炼渣、危险废物、其他类固体废物七类固体废物需要缴纳环境保护税，其中其他类固体废物，辽宁省人民政府暂未明确，因此目前不予考虑，危险废物的种类依据《国家危险废物名录（2025年版）》确定。

该企业涉及的应税固体废物为危险废物，通过梳理企业的环评报告、危险废物台账等资料可知，该企业应税危险废物主要有废油桶、废防冻液、废灯管、废活性炭、废硒鼓墨盒、废药品、废油、废油漆桶、含油污水和污油泥等。

（四）应税噪声税目的确定

《环境保护税法》所附《环境保护税税目税额表》中明确规定，应税噪声为各作业区超标的工业噪声。

三、核算应税污染物排放量

依据《环境保护税法》及其实施条例、《关于环境保护税有关问题的通知》的规定核算应税污染物排放量。

（一）应税大气污染物排放量核算

采用排污系数法以及物料衡算法核算该企业应税大气污染物的排放量。

1. 喷涂环节应税污染物排放量核算

喷涂环节没有监测报告，应税污染物的排放量采用排污系数法进行核算，系数沿用排污收费相应系数。

2. 喷砂环节应税污染物排放量核算

喷砂环节应税污染物排放量采用排污系数法进行核算。

3. 污水处理站应税污染物排放量核算

污水处理站应税污染物排放量应依据监测机构出具的检测报告，采用监测法进行核算。

4. 焊接环节应税污染物排放量核算

焊接环节应税污染物排放量采用排污系数法进行核算。

（二）应税水污染物排放量核算

分析该企业废水排放口各类水污染物排放情况，依据企业提供的在线监测数据，采用自动监测法核算废水排放口应税水污染物的排放量。

（三）应税固体废物排放量核算

依据《环境保护税法》第四条的规定，企业应税固体废物为危险废物，该危险废物贮存库符合危废贮存、处置的相关要求，不属于直接向环境排放污染物，不缴纳环境保护税，故不对此部分进行核算。

（四）应税噪声排放量核算

该企业有 2 个作业区域，均执行《工业企业厂界环境噪声排放标准》（GB 12348—2008）3 类标准。监测报告显示厂界噪声达标排放，不用缴纳环境保护税，故不对此部分进行核算。

四、计算应纳税额

所有应纳税额以某一个月为例进行核算。

（一）应税大气污染物应纳税额的核算

1. 喷涂有机废气税源应税大气污染物应纳税额的核算

按照原排污费计算方法中规定的苯、甲苯、二甲苯排污系数和该企业提供的油漆及稀释剂使用量，分别对室内（有排放口税源）和室外（无排放口税源）喷涂作业应税大气污染物排放量进行核算，具体税额核算情况如下：

（1）室内喷涂税源应税大气污染物应纳税额的核算。

采用排污系数法进行核算，具体情况见表7.20。

表7.20　室内喷涂应纳税额计算明细

应税污染物	室内使用油漆量（t）	室内使用稀释剂量（t）	室内污染物排放量（kg）	污染当量数	应纳税额（元）	减免税额（元）	实际缴纳税额（元）
苯	128.5740	24.9345	737.9262	14758.5240	17710.23	0	17710.23
甲苯	128.5740	24.9345	1475.8524	8199.1800	9839.02	0	9839.02
二甲苯	128.5740	24.9345	3689.6310	13665.3000	16398.36	0	16398.36

（2）室外喷涂税源应税大气污染物应纳税额的核算。

采用排污系数法进行核算，具体情况见表7.21。

表7.21　室外喷涂应纳税额计算明细

应税污染物	室外使用油漆量（t）	室外使用稀释剂量（t）	室外污染物排放量（kg）	污染当量数	应纳税额（元）	减免税额（元）	实际缴纳税额（元）
苯	75.2760	11.4224	2001.3615	40027.2300	48032.68	0	48032.68
甲苯	75.2760	11.4224	4002.7230	22237.3500	26684.82	0	26684.82
二甲苯	75.2760	11.4224	10006.8075	37062.2500	44474.70	0	44474.70

2. 喷砂废气税源应税大气污染物应纳税额的核算

采用排污系数法进行核算，具体情况见表7.22。

表7.22　喷砂应纳税额计算明细

应税污染物	基数（t）	系数	污染物排放量（kg）	污染当量数	应纳税额（元）	减免税额（元）	实际缴纳税额（元）
一般性粉尘	1874.5707	0.084	157.4639	39.3660	47.24	0	47.24

3. 污水处理站应税大气污染物应纳税额的核算

采用在线监测法进行核算，具体情况见表7.23。

表7.23　污水处理站应税大气污染物应纳税额计算明细

应税污染物	小时数（h）	排放速率（kg/h）	污染物排放量（kg）	污染当量数	应纳税额（元）	减免税额（元）	实际缴纳税额（元）
硫化氢	744	0.33	245.52	846.6207	1015.94	0	1015.94
氨	744	4.9	3645.6	401.0561	481.27	0	481.27

4. 焊接作业税源应税大气污染物应纳税额的核算

采用排污系数法进行核算，具体情况见表 7.24。

表 7.24 焊接作业应纳税额计算明细

应税污染物	基数（t）	系数	污染物排放量（kg）	污染当量数	应纳税额（元）	减免税额（元）	实际缴纳税额（元）
一般性粉尘	11642.8736	1.523	17732.0965	4433.0241	5319.63	0	5319.63

（二）应税水污染物应纳税额的核算

1. 14#废水排放口应纳税额的核算

采用在线监测法进行核算，具体情况见表 7.25。

表 7.25 14#废水排放口应纳税额计算明细

税源	应税污染物	用水量（t）	实测浓度（mg/L）	排放量（kg）	污染当量数	应纳税额（元）	减免税额（元）	实际缴纳税额（元）
14#废水排放口	石油类	49787.2	0.96	47.7957	477.9571	669.14	334.57	334.57
	悬浮物	49787.2	2	99.5744	24.8936	34.85	17.43	17.43
	总汞	49787.2	0.00022	0.0110	21.9064	30.67	0.00	30.67
	总砷	49787.2	0.0003	0.0149	0.7468	1.05	0.00	1.05
	BOD_5	49787.2	4.9	243.9573	487.9146	683.08	341.54	341.54

2. 18#废水排放口应纳税额的核算

采用在线监测法进行核算，具体情况见表 7.26。

表 7.26 18#废水排放口应纳税额计算明细

税源	应税污染物	用水量（t）	实测浓度（mg/L）	排放量（kg）	污染当量数	应纳税额（元）	减免税额（元）	实际缴纳税额（元）
18#废水排放口	COD_{Cr}	49787.2	13.83774194	688.9424	688.9424	1929.04	964.52	964.52
	氨氮	49787.2	0.820967742	40.8737	51.0921	143.06	71.53	71.53
	石油类	49787.2	1.02	50.7829	507.8294	710.96	355.48	355.48
	总汞	49787.2	0.00014	0.0070	13.9404	19.52	0.00	19.52
	总砷	49787.2	0.0003	0.0149	0.7468	1.05	0.00	1.05

3. 32#废水排放口应纳税额的核算

采用在线监测法进行核算，具体情况见表 7.27。

表 7.27 32#废水排放口应纳税额计算明细

税源	应税污染物	用水量 (t)	企业自行监测数据 (mg/L)	排放量 (kg)	污染当量数	应纳税额 (元)	减免税额 (元)	实际缴纳税额 (元)
32#废水排放口	动植物油	148322.4	0.85	126.0740	787.9628	1103.15	551.57	551.57
	石油类	148322.4	0.08	11.8658	118.6579	166.12	83.06	83.06
	总汞	148322.4	0.00004	0.0059	11.8658	16.61	0.00	16.61
	总砷	148322.4	0.0029	0.4301	21.5067	30.11	0.00	30.11
	BOD_5	148322.4	4.7	697.1153	1394.2306	1951.92	975.96	975.96

4. 34#废水排放口应纳税额的核算

采用在线监测法进行核算，具体情况见表 7.28。

表 7.28 34#废水排放口应纳税额计算明细

税源	应税污染物	用水量 (t)	企业自行监测数据 (mg/L)	排放量 (kg)	污染当量数	应纳税额 (元)	减免税额 (元)	实际缴纳税额 (元)
34#废水排放口	动植物油	148322.4	0.27	40.0470	250.2941	350.41	0.00	350.41
	总汞	148322.4	0.00006	0.0089	17.7987	24.92	0.00	24.92
	总磷	148322.4	0.294516129	43.6833	174.7334	244.63	61.16	183.47
	总砷	148322.4	0.0028	0.4153	20.7651	29.07	0.00	29.07
	BOD_5	148322.4	4.7	697.1153	1394.2306	1951.92	975.96	975.96

（三）应税固体废物应纳税额的核算

该企业固体废物不需要进行核算。

（四）应税噪声应纳税额的核算

因企业达标排放，不需缴纳环境保护税，故不需要进行核算。

案例 6　某化工厂环境保护税的核定与征收

河北某化工有限公司是国家农药定点生产企业，主要从事农药原料药及制剂的研发、生产和销售，现有杀虫剂、杀菌剂、除草剂 3 大系列的 200 多个农药产品，主导产品有阿维菌素、甲氨基阿维菌素、吡蚜酮、除虫脲、嘧菌酯、草铵膦原药及制剂等数十个。该企业现有液体制剂生产线（年产液体制剂 20000 吨），固体制剂生产线（年产悬浮剂 5000t/a、颗粒剂 5000t/a），吡蚜酮生产线（年产吡蚜酮原药 500 吨），噻唑膦生产线（年产噻唑膦原药 200 吨），草铵膦生产线（年产草铵膦原药 1000 吨），甲基二氯化磷生产线（年产甲基二氯化磷 1000 吨），嘧菌酯生产线（年产嘧菌酯 500 吨），噻虫胺生产线（年产噻虫胺 500 吨），吡蚜酮生产线（年产吡蚜酮 500 吨），甲氨基阿维菌素苯甲酸盐生产线（年产甲维盐原药300吨），除虫脲生产线（年产除虫脲原药500吨），氟铃脲生产线（年产氟铃脲原药100吨）。该企业于2017年首次申领排污许可证，2021年重新办理排污许可证。

根据企业排污许可证信息和现场勘察结果，确认该企业的废气排放有两种形式，即有组织排放和无组织排放。其中，有组织排放口22个，分别为八车间4个排放口（DA01，DA02，DA03，DA04）、六车间4个排放口（DA05，DA06，DA07，DA08），五车间1个排放口（DA09），七车间1个排放口（DA10），十车间1个排放口（DA11），制剂车间2个排放口（DA12，DA13），污水处理站废气排放口1个（DA14），导热油炉废气排放口1个（DA15），技术中心废气排放口2个（DA16，DA17），RTO废气排放口1个（DA18），食堂油烟排放口1个（DA19），原料库排放口1个（DA20），南罐区废气排放口1个（DA21），北罐区废气排放口1个（DA22）；无组织排放口10个，分别为氨水储罐、液氨储罐、氯气瓶、盐酸储罐（36%和31%）、硫酸储罐、甲醛容器、甲苯储罐、二甲苯储罐、甲醇储罐（立式固定顶和卧式固定顶）、丙烯醛储罐。生产废水经过“厌氧水解+兼氧+好氧+混凝沉淀”处理后排入园区内污水处理厂。危险废物主要为生产过程中产生的各种废液、蒸馏残渣、废吸附剂、废机油等。该企业内部建设的危险废物贮存场所是一个封闭的仓库，具备防风、防雨、防盗功能，仓库内的地面有防渗和渗滤液收集功能，有导流槽和收集井，现场的危险废物标识、标牌、标签符合法规要求，贮存条件符合《危险废物贮存污染控制标准》（GB 18597—2023）要求。该企业噪声执行《工业企业厂界环境噪声排放标准》（GB 12348—2008）3类标准，即昼间55分贝、夜间45分贝，厂界超过100米。

试分析该厂的环境保护税：①税源；②应税污染物税目；③核算应税污染物排放量；④计算每月应纳税额。

一、税源识别

（一）确定排放污染物类型

通过调取企业的环境影响评价文件、应急预案等资料，结合现场勘察企业生产、工艺流程等实际情况，确定企业税源。该企业主要排放大气污染物、水污染物、固体废物和噪声。

（二）确定税源

1. 应税大气污染物税源

该企业应税大气污染物税源共计32个，其中有排放口的税源22个，无排放口的税源10个。具体情况如下：

（1）有排放口的税源

八车间废气排放口1（DA01）：废气经“冷凝+吸收器+活性炭吸附解析装置+低温

等离子”处理后通过35米高排气筒排放。

八车间废气排放口2（DA02）：废气经“水吸收+布袋除尘+碱吸收”处理后通过35米高排气筒排放。

八车间废气排放口3（DA03）：废气经碱吸收处理后通过35米高排气筒排放。

八车间废气排放口4（DA04）：废气经“布袋除尘+碱吸收”处理后通过35米高排气筒排放。

六车间废气排放口1（DA05）：废气经“水吸收+碱吸收”处理后通过30米高排气筒排放。

六车间废气排放口2（DA06）：废气经“冷凝+吸收塔+活性炭吸附解析装置”处理后通过30米高排气筒排放。

六车间废气排放口3（DA07），废气经碱吸收处理后通过25米高排气筒排放。

六车间废气排放口4（DA08），废气经“布袋除尘器+碱吸收”处理后通过15米高排气筒排放。

五车间废气排放口（DA09）：废气经“冷凝+吸收+吸收解析装置+活性炭吸附”处理后通过30米高排气筒排放。

七车间废气排放口（DA10）：废气经“冷凝+吸收+活性炭吸附解析装置”处理后通过30米高排气筒排放。

十车间废气排放口（DA11）：废气经“冷凝+吸收+吸收解析装置+活性炭吸附装置”处理后通过30米高排气筒排放。

制剂车间废气排放口1（DA12）：废气经布袋除尘装置处理后通过25米高排气筒排放。

制剂车间废气排放口2（DA13）：废气经“布袋除尘+水幕捕集”处理后通过25米高排气筒排放。

污水处理站废气排放口（DA14）：废气经“水吸收+碱吸收+氧化吸收装置”处理后通过40米高排气筒排放。

导热油炉废气排放口（DA15）：导热油炉燃料为天然气，有低氮燃烧装置，燃烧废气经低氮燃烧处理后通过15米高排气筒排放。

技术中心废气排放口1（DA16）：技术中心化验室通风橱1排放的废气，该废气经“碱吸收+活性炭吸附装置”处理后通过15米高排气筒排放。

技术中心废气排放口2（DA17）：技术中心化验室通风橱2排放的废气，该废气经“碱吸收+活性炭吸附装置”处理后通过15米高排气筒排放。

RTO废气排放口（DA18）：原药生产废气（不含卤素）通过管道集中收集后经预处理+蓄热式燃烧炉（RTO）装置处理后通过30米高排气筒排入大气。该排放口安装了在线监测设备并通过验收。

食堂油烟排放口（DA19）：食堂油烟废气经净化装置处理后通过15米高的排气筒排放。

原料库排放口（DA20）：原料库产生的异味废气经过深度处理后通过 15 米高的排气筒排入大气。

南罐区废气排放口（DA21）：该企业将南部罐区的甲苯、二甲苯、甲醇等储罐的呼吸阀尾气经过活性炭罐处理后通过 15 米高排气筒排放。

北罐区废气排放口（DA22）：该企业将北部罐区的甲醇、丙烯醛等储罐的呼吸阀尾气经过活性炭罐处理后通过 15 米高排气筒排放。

（2）没有排放口的税源

企业设有氨水储罐、液氨储罐、氯气瓶、盐酸储罐（36%和 31%）、硫酸储罐、甲醛容器、甲苯储罐、二甲苯储罐、甲醇储罐（立式固定顶和卧式固定顶）、丙烯醛储罐，原料在这些储罐或容器内装卸、贮存过程中会直接向环境排放应税污染物。

2. 应税水污染物税源

生产废水经过“厌氧水解+兼氧+好氧+混凝沉淀”处理后排入园区污水处理厂，不属于直接向环境排放应税水污染物，不需要缴纳环境保护税。

3. 应税固体废物税源

该企业涉及的应税固体废物为危险废物，主要为生产过程中产生的各种废液、蒸馏残渣、废吸附剂、废机油等。

企业内部建设的危险废物贮存场所符合《危险废物贮存污染控制标准》（GB 18597—2023）要求。该企业将危险废物定期交由有资质的第三方进行处置，处置环节符合相关法律法规的要求。

4. 应税噪声税源

厂界噪声执行《工业企业厂界环境噪声排放标准》（GB 12348—2008）3 类标准，厂界超过 100 米。该企业具有合规的监测报告，符合相关标准的要求。

二、应税污染物税目

（一）应税大气污染物税目的确定

《环境保护税法》所附《应税污染物和当量值表》中明确规定，应税大气污染物有二氧化硫、氮氧化物等 44 种。通过调阅该企业环评文件、排污许可证，同时对实际的作业场地、工艺流程及相关污染防治设施运行情况进行实地勘查，对相关工艺参数及数据进行收集、核实及分析，最终确定该企业应税大气污染物的税目。

（1）八车间废气排放口 1（DA01）：依据企业提供的排污许可证的相关信息，该排放口涉及的应税污染物包括一般性粉尘、氨（氨气）和氯化氢，排放标准分别为 120mg/m^3、27kg/h 和 100mg/m^3。

（2）八车间废气排放口 2（DA02）：涉及的应税污染物为氨、一般性粉尘和氰化氢，排放标准分别为 27kg/h、120mg/m^{3}和 1. 9mg/m^3。

（3）八车间废气排放口 3（DA03）：涉及的应税污染物为氰化氢，排放标准为

1.9mg/m^3。

（4）八车间废气排放口4（DA04）：涉及的应税污染物为一般性粉尘和氯化氢，排放标准分别为120mg/m^{3}和100mg/m^3。

（5）六车间废气排放口1（DA05）：涉及的应税污染物为氨和氰化氢，排放标准分别为20kg/h和1.9mg/m^3。

（6）六车间废气排放口2（DA06）：涉及的应税污染物为一般性粉尘，排放标准为120mg/m^3。

（7）六车间废气排放口3（DA07）：涉及的应税污染物为氯化氢，排放标准为100mg/m^3。

（8）六车间废气排放口4（DA08）：涉及的应税污染物为一般性粉尘，排放标准为120mg/m^3。

（9）五车间废气排放口（DA09）：涉及的应税污染物为甲苯和氯化氢，排放标准分别为30mg/m^{3}和100mg/m^3。

（10）七车间废气排放口（DA10）：涉及的应税污染物为一般性粉尘和氯化氢，排放标准分别为120mg/m^{3}和100mg/m^3。

（11）十车间废气排放口（DA11）：涉及的应税污染物为一般性粉尘，排放标准为120mg/m^3。

（12）制剂车间废气排放口1（DA12）：涉及的应税污染物为一般性粉尘，排放标准为120mg/m^3。

（13）制剂车间废气排放口2（DA13）：涉及的应税污染物为一般性粉尘，排放标准为120mg/m^3。

（14）污水处理站废气排放口（DA14）：涉及的应税污染物为硫化氢和氨，排放标准分别为2.3kg/h和35kg/h。

（15）导热油炉废气排放口（DA15）：涉及的应税污染物为烟尘和氮氧化物，排放标准分别为20mg/m^{3}和150mg/m^3。

（16）技术中心废气排放口1（DA16）：涉及的应税污染物为一般性粉尘，排放标准为120mg/m^3。

（17）技术中心废气排放口2（DA17）：涉及的应税污染物为一般性粉尘，排放标准为120mg/m^3。

（18）RTO废气排放口（DA18）：涉及的应税污染物为氯化氢、二氧化硫和氮氧化物，排放标准分别为30mg/m^3、200mg/m^{3}和200mg/m^3。

（19）食堂油烟排放口（DA19）：涉及的应税污染物为一般性粉尘，排放标准为5mg/m^3。

（20）原料库废气排放口（DA20）：涉及的应税污染物为氨和氯化氢，排放标准分别为30mg/m^{3}和30mg/m^3。

（21）南罐区废气排放口（DA21）：涉及的应税污染物为甲醇、甲苯和二甲苯，排放标准分别为 190mg/m^3、30mg/m^{3}和 30mg/m^3。

（22）北罐区废气排放口（DA22）：涉及的应税污染物为甲醇和丙烯醛，排放标准分别为 190mg/m^{3}和 16mg/m^3。

（23）无排放口税源的税目：该企业设有氨水储罐、液氨储罐、氯气瓶、盐酸储罐、硫酸储罐、甲醛容器、甲苯储罐、二甲苯储罐、甲醇储罐、丙烯醛储罐，原料在这些储罐或容器内装卸、贮存过程中会直接向环境中排放应税污染物氨、氯气、氯化氢、硫酸雾、甲醛、甲苯、二甲苯、甲醇、丙烯醛。

（二）应税水污染物税目的确定

《环境保护税法》所附《应税污染物和当量值表》中明确规定，应税水污染物共 65 种，其中第一类应税水污染物包括总汞和总铬等 10 种、其他类应税水污染物包括悬浮物和生化需氧量等 55 种。

该企业将处理以后的生产废水排入园区内污水处理厂，不属于直接向环境排放应税水污染物，不需要缴纳环境保护税。

（三）应税固体废物税目的确定

《环境保护税法》所附《环境保护税税目税额表》中明确规定，共有煤矸石、尾矿、危险废物、粉煤灰、炉渣、冶炼渣、其他固体废物七类固体废物需要缴纳环境保护税，其中，其他类固体废物，河北省人民政府暂未明确，目前不予考虑。危险废物的种类依据《国家危险废物名录（2025 年版）》确定。

该企业涉及的应税固体废物为危险废物，主要为生产过程中产生的各种废催化剂、蒸馏残渣、废吸附剂等。

（四）应税噪声税目的确定

该企业厂界超过 100 米，应税噪声的税目分别为东、南、西、北四个厂界。厂界噪声均符合标准。

三、核算应税污染物排放量

依据《环境保护税法》及其实施条例、《关于环境保护税有关问题的通知》的规定核算该企业应税污染物的排放量。

（一）应税大气污染物排放量核算

根据该企业现场情况以及实际生产工艺，采用在线监测法核算其有排放口和没有排放口税源的应税污染物排放量。有排放口税源应税污染物排放量依据企业提供的有 CMA 资质的第三方监测机构出具的检测报告数据核算，没有排放口税源的硫酸储罐、盐酸储罐、甲醛溶液箱、液氯、氨水、液氨按照排污收费的方法核算，甲苯储罐、二甲苯储罐、甲醇储罐、丙烯醛储罐等应税污染物的排放量依据《石化行业 VOCs 污染源排查工作指南》相关要求核算。

（二）应税水污染物排放量核算

该企业将处理以后的生产废水排入园区内污水处理厂，不属于直接向环境排放应税水污染物，不需要缴纳环境保护税。

（三）应税固体废物排放量核算

该企业的应税固体废物主要为危险废物。企业内部建设的危险废物贮存场所符合《危险废物贮存污染控制标准》（GB 18597—2023）要求，危险废物定期委托有资质的第三方处置，危险废物贮存和处置符合国家和地方环境保护标准的相关要求，不需要核算应税固体废物的应纳税额。

（四）应税噪声排放量核算

该企业的厂界噪声均达标排放，故不对此部分进行核算。

四、计算应纳税额

所有应纳税额以该企业某一个月为例进行核算。

（一）应税大气污染物应纳税额的计算

1. *有排放口税源应税大气污染物应纳税额*

本次核算有排放口税源共计 22 个，其中，DA01 到 DA20 排放口税源按照检测报告数据进行核算，DA21、DA22 排放口税源按照《石化行业 VOCs 污染源排查工作指南》要求的物料衡算方法进行核算。具体见表 7.29。

表 7.29　有排放口税源应税大气污染物的应纳税额明细

排放口	污染物名称	废气排放量（10^4m^3）	实测浓度值（mg/m^3）	污染物排放量（kg）	污染当量数	应纳税额（元）
八车间废气排放口 1（DA01）	一般性粉尘	651	2	13.020	3.255	15.62
	氨	651	1.905	12.402	1.364	6.55
	氯化氢	651	3.15	20.507	1.908	9.16
八车间废气排放口 2（DA02）	氨	1027.5384	2.24	23.017	2.532	12.15
	一般性粉尘	1027.5384	2.9	29.799	7.450	35.76
	氰化氢	1027.5384	0.235	2.415	482.943	2318.13
八车间废气排放口 3（DA03）	氰化氢	274.691	0.195	0.536	107.129	514.22
八车间废气排放口 4（DA04）	一般性粉尘	1093.1344	1.9	20.770	5.192	24.92
	氯化氢	1093.1344	2.55	27.875	2.593	12.45
六车间废气排放口 1（DA05）	氨	305.8088	1.125	3.440	0.378	1.82
	氰化氢	305.8088	0.155	0.474	94.801	455.04

续表

排放口	污染物名称	废气排放量（10^4m^3）	实测浓度值（mg/m^3）	污染物排放量（kg）	污染当量数	应纳税额（元）
六车间废气排放口 2（DA06）	一般性粉尘	1097.482667	2.95	32.376	8.094	38.85
六车间废气排放口 3（DA07）	氯化氢	473.9776	1.5	7.110	0.661	3.17
六车间废气排放口 4（DA08）	一般性粉尘	20.739	2	0.415	0.104	0.50
五车间废气排放口（DA09）	甲苯	1843.7312	1.0795	19.903	110.573	530.75
	氯化氢	1843.7312	100	1843.731	171.510	823.25
七车间废气排放口（DA10）	氯化氢	2703.7456	3.45	93.279	8.677	41.65
	一般性粉尘	2703.7456	1.85	50.019	12.505	60.02
十车间废气排放口（DA11）	一般性粉尘	908.5893333	2.5	22.715	5.679	27.26
制剂车间废气排放口 1（DA12）	一般性粉尘	642.2456	2.6	16.698	4.175	20.04
制剂车间废气排放口 2（DA13）	一般性粉尘	3725.9024	2.1	78.244	19.561	93.89
污水处理站废气排放口（DA14）	硫化氢	768.6512	0.18	1.384	4.771	22.90
	氨	768.6512	0.63	4.843	0.533	2.56
导热油炉废气排放口（DA15）	烟尘	140.4176	2.05	2.879	1.320	6.34
	氮氧化物	140.4176	23.5	32.998	34.735	208.41
技术中心废气排放口 1（DA16）	一般性粉尘	833.6933333	2.05	17.091	4.273	20.51
技术中心废气排放口 2（DA17）	一般性粉尘	744.372	2.1	15.632	3.908	18.76
RTO 废气排放口（DA18）	氰化氢	3720	0.185	6.882	1376.400	6606.72
	二氧化硫	3720	200	7440.000	7831.579	46989.47
	氮氧化物	3720	200	7440.000	7831.579	46989.47
食堂油烟排放口（DA19）	一般性粉尘	51.55506667	1.4	0.722	0.180	0.87
原料库废气排放口（DA20）	氨	2794.1168	1.625	45.404	4.995	23.98
	氯化氢	2794.1168	1.65	46.103	4.289	20.59
南罐区废气排放口（DA21）	甲醇	—	—	318.741	475.733	2283.52
	甲苯	—	—	14.799	82.218	394.65
	二甲苯	—	—	11.088	41.068	197.13
北罐区废气排放口（DA22）	甲醇	—	—	145.309	216.879	1041.02
	丙烯醛	—	—	2354.008	39233.467	188320.64

注："—"表示无实测值。

2. 没有排放口税源应税大气污染物应纳税额

依据企业提供的氨水、液氨、氯气、盐酸、硫酸、甲醛的采购量，按照排污费核算方法核算应税污染物的排放量，结合企业提供的甲苯、二甲苯、甲醇、丙烯醛的采购量以及储罐的动静密封点个数，按照《石化行业 VOCs 污染源排查工作指南》的相关规定核算上述储罐应税污染物的排放量及应纳税额。没有排放口税源应纳税额见表 7.30。

表 7.30　没有排放口排放的税源应纳税额明细

排放口	污染物名称	污染物排放量（kg）	污染当量数	应纳税额（元）
硫酸储罐无组织	硫酸雾	26.82	44.70	214.57
氨水储罐无组织	氨	2.10	0.23	1.11
液氨储罐无组织	氨	12.21	1.34	6.45
盐酸储罐无组织	氯化氢	7.04	0.65	3.14
氯气储罐无组织	氯气	0.54	1.58	7.60
甲醛储罐无组织	甲醛	9.07	100.75	483.60
甲苯储罐（一源项）	甲苯	77.73	431.81	2072.68
二甲苯储罐（一源项）	二甲苯	220.98	818.45	3928.55
甲醇储罐（一源项）	甲醇	336.11	501.66	2407.98
丙烯醛储罐（一源项）	丙烯醛	214.30	3571.69	17144.10

（二）应税水污染物应纳税额的计算

该企业将处理以后的生产废水排入园区内的污水处理厂，不属于直接向环境排放应税水污染物，不需要缴纳环境保护税。

（三）应税固体废物应纳税额的核算

该企业的应税固体废物主要为危险废物。企业内部建设的危险废物贮存场所符合《危险废物贮存污染控制标准》（GB 18597—2023）的要求，危险废物定期委托有资质的第三方处置，危险废物的贮存和处置符合国家和地方环境保护标准的相关要求，应税固体废物的应纳税额为 0 元。

（四）应税噪声应纳税额的核算

该企业的厂界噪声均达标排放，故不对此部分进行核算，不需要缴纳环境保护税。

附　录

生态环境相关法律法规及文件如下：

1.《中华人民共和国环境保护税法》

2.《中华人民共和国环境保护税法实施条例》

3.《中华人民共和国水污染防治法》

4.《中华人民共和国大气污染防治法》

5.《中华人民共和国固体废物污染环境防治法》

6.《中华人民共和国土壤污染防治法》

7.《中华人民共和国噪声污染防治法》

8.《关于发布计算环境保护税应税污染物排放量的排污系数和物料衡算方法的公告》（生态环境部 财政部 国家税务总局公告 2021 年第 16 号）

9.《排放源统计调查产排污核算方法和系数手册》（生态环境部 财政部 国家税务总局公告 2021 年第 16 号附件 1）

10.《排污许可证申请与核发技术规范清单》（生态环境部 财政部 国家税务总局公告 2021 年第 16 号附件 2）

11.《纳入排污许可管理的火电等 17 个行业污染物排放量计算方法（含排污系数、物料衡算方法）（试行）》（原环境保护部公告 2017 年第 81 号附件 1）

12.《未纳入排污许可管理行业适用的排污系数、物料衡算方法（试行）》（原环境保护部公告 2017 年第 81 号附件 2）

13.《关于明确环境保护税应税污染物适用等有关问题的通知》（财税〔2018〕117 号）

14.《关于环境保护税有关问题的通知》（财税〔2018〕23 号）

15.《重点环境管理危险化学品目录》

16.《危险化学品目录（2015 版）》

17.《危险化学品目录（2022 调整版）》

18.《国家危险废物名录（2025 年版）》